Johanna von Koppenfels

Jüdische Friedhöfe in Berlin

Jüdische Friedhöfe in Berlin

Johanna von Koppenfels

Berlin Edition

Inhalt

Stumme Zeugen

Die jüdischen Friedhöfe Berlins sind bis heute stumme Zeugen der wechselvollen Geschichte der Juden in Berlin, einer Geschichte von Vertreibung und Unterdrückung, aber auch von Emanzipation und Assimilation. Wie ein steinernes Geschichtsbuch geben sie Auskunft über jüdisches Leben in dieser Stadt. Die große Zahl solcher Friedhöfe zeugt von der einst blühenden jüdischen Gemeinde, die vor Hitlers Machtergreifung 173.000 Mitglieder zählte und damit nicht nur die größte Deutschlands, sondern die fünftgrößte überhaupt war. Die Entwicklung Berlins zu einer modernen Großstadt ist nicht zu denken ohne die kulturellen, wissenschaftlichen und wirtschaftlichen Leistungen ihrer jüdischen Bürger. Namen wie Moses Mendelssohn, Rahel Varnhagen, Albert Einstein, Max Liebermann, Walther Rathenau, Kurt Tucholsky, aber auch die des Restaurantgründers Berthold Kempinski oder der Kaufhausgründer Hermann Tietz (Hertie) und Adolf Jandorf (KaDeWe), um hier nur einige wenige zu nennen, sprechen für sich.

Zugleich sind diese Friedhöfe kulturhistorische Denkmäler von unschätzbarem Wert. Eindrücklich zeigen sie den Prozeß jüdischer Assimilation seit dem späten 18. Jahrhundert, als man begann, sich von streng orthodoxen Regeln bei der Gestaltung der Grabmäler abzuwenden und sich mehr und mehr an den auch auf christlichen Friedhöfen üblichen Formen orientierte. Wir finden klassizistische Grabsteine, stoßen auf den pompösen Historismus des Wilhelminischen Zeitalters, die organischen Formen des Jugendstils und auf Einflüsse der Moderne wie Expressionismus und Bauhaus.

Wie ihre Lage im heute innerstädtischen Bereich zeigt, sind diese Friedhöfe über die Jahrhunderte in städtebauliche Strukturen eingewachsen, denn immer mußten die Juden ihre Begräbnisplätze weit vor den Toren der Stadt anlegen, und immer wieder wurden diese von der stetig wachsenden Stadt eingeholt.

Viele Juden konvertierten im Laufe der Jahrhunderte zum Christentum. Ein Zeichen für diesen bereits im 19. Jahrhundert weit fortgeschrittenen Prozeß der Assimilation ist die Tatsache, daß viele dieser konvertierten jüdischen Bürger auf christlichen Friedhöfen begraben liegen. So findet man das Grab des Komponisten Felix Mendelssohn-Bartholdy (1809-1847) auf dem Friedhof am Halleschen Tor. Auch Henriette Herz (1764-1847) und Rahel Levin-Varnhagen (1771-1833) – deren literarische Salons weit über die Grenzen Berlins hinaus Berühmtheit erlangten – fanden hier ihre letzte Ruhe. Auf dem Dorotheenstädtischen Friedhof liegen die Komponisten Paul Dessau (1894-1979) und Hanns Eisler (1898-1962), die Schauspielerin und Ehefrau Berthold Brechts Helene Weigel (1900-1971), der Schriftsteller Arnold Zweig (1887-1968) und die Autorin Anna Seghers (1900-1983) begraben.

Es war wohl gerade diese Bereitschaft zur Assimilation, die die Nationalsozialisten fürchteten. Wo Grenzen verwischten, das scheinbar Fremde nicht mehr als solches erkennbar war, versuchte man zunächst durch den juristischen Terror der Nürnberger Gesetze Unterschiede zu definieren, die Juden erneut nicht nur ab-, sondern auszugrenzen.

Die Katastrophe der NS-Zeit hat die Friedhöfe zu Denkmälern einer abgebrochenen Geschichte gemacht. Das Gedenkbuch der Jüdischen Gemeinde verzeichnet die Namen von 55.696 ermordeten Berliner Juden. Synagogen wurden zerstört, die meisten Zeugnisse jüdischer Kultur geschändet und vernichtet. So wurde etwa das jüdische Altersheim in der Großen Hamburger Straße von den Nationalsozialisten in ein Sammellager für die Transporte nach Auschwitz und Theresienstadt umgewandelt. Auch die jüdischen Friedhöfe blieben nicht verschont. Den Friedhof in der Großen Hamburger Straße zerstörten die Nationalsozialisten 1943 völlig, von den anderen Friedhöfen wurde gußeiserner Grabschmuck eingeschmolzen. Bomben und Granaten vernichteten im Zweiten Weltkrieg tausende Gräber.

Ein Schwerpunkt der vorliegenden Darstellung liegt auf den historischen Hintergründen jüdischer Besiedlung in Berlin und Umgebung; darüber hinaus soll wenigstens eine Ahnung von der Bedeutung dieser Bevölkerungsgruppe für Berlin vermittelt werden, indem wir an die Gräber berühmter und weniger berühmter Persönlichkeiten treten, deren Andenken dem Vergessen entrissen werden soll. Erinnert sei aber auch an jene überwältigende Mehrheit von Toten, an die kein Grabstein erinnert, weil das Vernichtungsprogramm des Dritten Reiches darauf abzielte, sie spurlos auszulöschen. Ihre Namen finden sich vielleicht irgendwo im endlosen Verzeichnis einer Holocaust-Gedenkstätte – und vielleicht nicht einmal dort. Erinnert sei schließlich an jene, die anderswo begraben liegen: in Israel, Argentinien, in den USA oder einem anderen der Zufluchtsländer, in die es Berliner Juden verschlug.

I. Fast ein Jahrtausend

Mittelalter und frühe Neuzeit

Ein alter jüdischer Grabstein, der vom Juden-Kiewer (von Hebräisch *kewer* – das Grab) in Spandau stammt und auf das Jahr 1244 datiert ist, gilt wohl als das früheste Zeugnis jüdischer Besiedlung in der Mark Brandenburg, das wir kennen. Die erste urkundliche Erwähnung einer jüdischen Siedlung in der Mark stammt aus dem Jahre 1247. Auch in den beiden Städten Berlin und Cölln, die sich 1307 zusammenschlossen, lebten jüdische Familien. Sie wohnten im sogenannten Großen Jüdenhof – noch heute erinnert die Jüdenstraße im Zentrum der Stadt an diesen historischen Ort. Die erste Urkunde, die auf eine jüdische Ansiedlung in Berlin verweist, ist ein Innungsbrief vom 28. Oktober 1295 *Das Wollenweberwerk betreffend*, in dem dieser Zunft untersagt wird, bei den Juden Garn zu kaufen.

Bis zum Jahre 1349 wurden die Juden in Berlin geduldet, dann kam es jedoch nach einer Pestepidemie zum ersten Pogrom: Ein Großteil der Juden wurde umgebracht, die anderen vertrieben, ihre Häuser geplündert und niedergebrannt. Aber schon 1354 siedeln erneut Juden in der Stadt. Jetzt leben sie im ‚Kleinen Jüdenhof', bis sie 1446 wieder verjagt werden. Das Berliner Bürgerbuch verzeichnet Juden dann wieder zwischen 1453 und 1474, was jedoch keineswegs bedeutet, daß man ihnen Bürgerrechte zugestand. Juden durften weder Grundbesitz erwerben noch ein zünftiges Handwerk betreiben. Sie mußten ihren Lebensunterhalt als Hausierer, Pfandleiher und mit Viehhandel bestreiten. Zugleich gab es außer dem obligaten ‚Judenschutz' eine Vielzahl von Abgaben, die sie für ihr Wohnrecht oder bei religiösen Familienanlässen zu leisten hatten. So mußte etwa der Stadt Spandau ein Transportzoll gezahlt werden, wenn Juden einen Verstorbenen zu ihrem (in Spandau gelegenen) Friedhof überführten.

Im Jahre 1510 kam es erneut zu einer Verfolgung, bei der 38 Juden an der Marienkirche auf den Scheiterhaufen gebracht, die übrigen aus Berlin und der Kurmark vertrieben wurden. Ihr Friedhof in Spandau fiel der Zerstörung zum Opfer. Den Juden war Hostienschändung vorgeworfen worden, eine gängige Anschuldigung, für die es jedoch keinerlei Beweise gab und die sich bald darauf als falsch herausstellte. Kurfürst Joachim II. (1535-1571) gestattete erneut Juden, sich in Berlin niederzulassen. Doch unmittelbar nach seinem Tod setzte die Verfolgung wieder ein. Sein Münzmeister, der Jude Lippold, wurde beschuldigt, den Kurfürsten umgebracht zu haben. Er wurde 1573 auf dem Neuen Markt unweit des Stadtschlosses hingerichtet, die übrigen Juden wurden vertrieben und ihre Häuser geplündert.

Vom Großen Kurfürsten bis zur Aufklärung

Fast hundert Jahre lang gab es nun keine jüdische Bevölkerung in Berlin und der Mark Brandenburg. Erst Friedrich Wilhelm I. (1640-1688), auch der Große Kurfürst genannt, holte die Juden wieder ins Land. Ihm war daran gelegen, in seinem rückständigen, unterentwickelten und durch den Dreißigjährigen Krieg zerstörten Herrschaftsgebiet den Handel zu beleben und ein Manufakturwesen aufzubauen. Dazu benötigte er neben Arbeitskräften und technischem Wissen auch die entsprechenden finanziellen Mittel. Aus Böhmen und den Niederlanden holte er Arbeitskräfte für die Landwirtschaft und gewährte den Hugenotten, die im Manufakturwesen der Zeit führend waren, Niederlassungsrecht. Mit einem Edikt vom 21. Mai 1671 gestattete er 50 wohlhabenden jüdischen Familien, die im Jahr zuvor aus Wien vertrieben worden waren, sich für 20 Jahre in Berlin niederzulassen. Er siedelte sie in der Spandauer Vorstadt an, der Gegend um die heutige Oranienburger Straße. Hier durften sie bereits im folgenden Jahr an der Großen Hamburger Straße ihren ersten Friedhof einrichten und 1675 eine Beerdigungsbruderschaft gründen. Damit waren zwar die ersten religiösen Institutionen geschaffen, eine Gemeinde zu bilden, blieb den Juden jedoch vorerst untersagt. Erst 1714 wurde der Bau einer Synagoge (in der Heidereutergasse) zugelassen. Im Gegensatz zu den Hugenotten waren die Juden jedoch nicht von Steuern und Abgaben befreit.

Mit dem Jahr 1671 beginnt die eigentliche Geschichte der Berliner Jüdischen Gemeinde. Um 1700 war die Zahl der ansässigen jüdischen Familien bereits auf über hundert gestiegen, nicht alle hatten jedoch einen Schutzbrief (Abb. 1). Die Bedingungen, unter denen die Juden im 18. Jahrhundert in Preußen existierten, wurden durch zwei Edikte geregelt, das *General-Privilegium* von 1730 und das *Revidierte General-Privilegium* von 1750. Sie hatten den Zweck, die Zahl der jüdischen Einwohner möglichst gering zu halten, ihre wirtschaftliche Tätigkeit nur in Bereichen zuzulassen, die dem preußischen König genehm waren und sie zugleich so weit wie möglich finanziell auszubeuten.

Der Staat unterschied zwischen ‚ordentlichen' und ‚außerordentlichen Schutzjuden'. Ordentliche Schutzjuden konnten ihre Rechte auf das erste Kind vererben. Das Recht auf ein zweites Kind ließ sich Preußens König Friedrich II. im Jahre 1763 für eine Zahlung von 70.000 Talern abkaufen (zum Ver-

Allgemeines

EDICT,

Daß alle

unvergleitete Juden

So fort auf einmahl

Aus dem

Lande

gejaget werden sollen.

De dato Berlin/ den 10. Januarii 1724.

BERLIN /

Gedruckt bey Gotthard Schlechtiger, Königl. Preußis. Hof-Buchdr.

Abb. 1: Edikt vom 10. Januar 1724, das die Vertreibung aller ‚unvergleiteten Juden' (Juden ohne Geleit, d. h. ohne Schutzbrief) verfügt.

gleich: das durchschnittliche Jahreseinkommen betrug damals etwa 900 Taler). Außerordentliche Schutzjuden erhielten Schutz nur für ihre eigene Person. Um eine Heirats- oder Niederlassungskonzession zu erhalten, wurden Juden ab 1769 genötigt, sogenanntes ‚Judenporzellan' im Wert von 300-500 Talern abzunehmen und zu exportieren. Es handelte sich dabei um Ausschußware der Königlichen Porzellan Manufaktur, derer man sich auf diese sehr lukrative Weise entledigte.

Der Philosoph Moses Mendelssohn (1729-1786), der 1743 nach Berlin gekommen war und selbst lange ohne Schutzbrief in der Stadt leben mußte, leitete mit seinen Schriften eine Reform des Judentums im Geist der Aufklärung ein, die der jüdischen Emanzipationsbewegung entscheidende Anstöße gab. Er warb für Toleranz und religiöse Freiheit, für politische und wirtschaftliche Gleichberechtigung. Als Vermittler zwischen den Kulturen erwarb er sich größte Verdienste durch seine Übersetzung des Pentateuch ins Deutsche. Seit etwa 1770 bildete sich um Mendelssohn ein Kreis von Gelehrten, dem auch Nichtjuden angehörten. Gotthold Ephraim Lessing war wohl der berühmteste unter ihnen. In *Nathan der Weise* nahm er seinen Freund Mendelssohn als Vorbild für die Figur des Nathan und setzte ihm damit ein Denkmal. Durch ihre Werke versuchten diese Gelehrten, die Ideen der Aufklärung einem jüdischen Publikum nahezubringen, die Verbreitung des Hochdeutschen zu fördern und das Hebräische zu erneuern. Zugleich wollte man aber auch das Judentum vor einem christliche Publikum als eine ‚Religion der Vernunft' rehabilitieren. Der egalitäre Geist, in dem die philosophischen und wissenschaftlichen Dispute des Gelehrtenkreises geführt wurden, stand in klarem Widerspruch zu dem gesellschaftlich niedrigeren Status der jüdischen Gesprächspartner. Als der preußische Kriegsrat und Archivar Christian Wilhelm Dohm – ebenfalls ein Freund Mendelssohns – 1781 mit seiner Schrift *Über die bürgerliche Verbesserung der Juden* die erste politische Theorie der Emanzipation der Juden entwarf, erregte er damit weltweites Aufsehen. Diese Schrift stand bei dem Entwurf des französischen Emanzipationsgesetzes von 1791 Pate. Die Verbindungen nach Frankreich liefen über den Berliner Salon der Henriette Herz. Vor diesem

Hintergrund läßt sich erst ermessen, wie wichtig Mendelssohn nicht nur für die Emanzipation der Juden in Preußen, sondern auch in Europa war.

Der gesellschaftliche und intellektuelle Dialog zwischen Juden und Christen fand gegen Ende des 18. Jahrhunderts vor allem in den verschiedenen Berliner Salons statt, die bald Schriftsteller und Gelehrte von überallher anzogen. Die Dachstube der Rahel Levin-Varnhagen oder das Haus der Henriette Herz (um nur die beiden berühmtesten zu nennen) boten den Raum für geistigen Austausch über die gesellschaftlichen Schranken von Herkunft oder Rang hinweg. Zu den Gästen dieser Salons zählten neben den Brüdern Humboldt auch Friedrich Schleiermacher und Friedrich Schlegel, Bettina von Arnim, Ludwig Börne und Heinrich Heine, Prinz Louis Ferdinand von Preußen, Adelbert von Chamisso und Jean Paul.

Und doch darf man die Ära der Salons nicht als Geburtsstunde einer modernen jüdisch-emanzipierten Existenz mißverstehen. Um aus dem gesellschaftlichen Abseits herauszukommen, blieb vorerst nur der Weg der Taufe, ein Weg, den bis 1811 etwa ein Zehntel der jüdischen Gemeinde ging, und zwar vor allem Mitglieder wohlhabender, angesehener Familien.

Kulturelle Blütezeit und Katastrophe

Mit der Niederlage Preußens gegen Napoleon änderte sich die Lage der Juden: Im Jahre 1808 wurde den Juden durch die Städteordnung das Bürgerrecht verliehen und die Bekleidung städtischer Ehrenämter ermöglicht. Als 1811 mit der Einführung der Gewerbefreiheit der Zunftzwang aufgehoben worden war, erhielten sie Zugang zu verschiedenen Handwerksberufen, der ihnen bislang verwehrt worden war. Der Durchbruch erfolgte mit dem Emanzipationsedikt von 1812, in dem die Juden zu "Einländern und Staatsbürgern" erklärt wurden. Das bedeutete nicht nur, daß die Schutzjudenschaft und die mit ihr verbundenen Sonderabgaben aufgehoben wurden, sondern auch, daß die Juden fortan die gleichen Rechte und Pflichten erhalten sollten – mit einer demütigenden Ausnahme: sie waren nicht zum höheren Staatsdienst zugelassen. Von ihren neuen Pflichten machten viele alsbald Gebrauch: Als treue Patrioten nahmen zahlreiche jüdische Freiwillige auf preußischer Seite an den Freiheitskriegen gegen Napoleon teil.

Regelte das Edikt von 1812 zunächst einmal nur das Verhältnis zwischen dem Staat und den Juden als Individuen, so wurde ein neuer Rechtsstatus für die jüdischen Gemeinden erst 1847 festgeschrieben. Nun wurden sie von ‚geduldeten Religionsgesellschaften' zu Körperschaften des öffentlichen Rechts, was ihnen einerseits weitgehende Autonomie verschaffte, und andererseits das Recht, von Gemeindemitgliedern Steuern zu erheben und öffentliche Schulen zu betreiben. Sie waren zwar auch einer stärkeren Kontrolle durch die Behörden unterworfen, der Staat konnte jedoch nun nicht länger eine Reform des Ritus unterbinden. Gottesdienste nach reformiertem Ritus setzten sich durch. Die entscheidenden Neuerungen waren dabei Gebete in deutscher Sprache, Einführung von Chorgesang und Orgel in die Liturgie und die Aufhebung der räumlichen Trennung von Männern und Frauen in der Synagoge.

Es hatte zwar schon seit 1815 in einzelnen jüdischen Privathäusern reformierte Gottesdienste gegeben, doch der preußische Staat, der an einer solchen inneren Modernisierung des Judentums kein Interesse hatte, untersagte 1823 alle rituellen Neuerungen, seien sie sprachlich oder zeremoniell. So verboten die Behörden 1827 bei der ersten Beisetzung auf dem neuen Friedhof an der Schönhauser Allee eine Predigt in deutscher Sprache. Für die Juden sollte es im christlichen Staat nur zwei Alternativen geben: Taufe oder Außenseitertum.

Im Jahre 1819 gründete eine Gruppe jüdischer Intellektueller (unter ihnen Heinrich Heine) den ‚Verein für die Cultur und Wissenschaft der Juden'. Sie formulierten erstmals ein Programm zu einer Wissenschaft des Judentums. Ihre auf dem Wissenschaftsbegriff Kants basierenden Forderungen für die Erforschung des Judentums sind im Kern bis heute gültig geblieben. Jedoch erst 1872 und 1873 öffneten in Berlin zwei Hochschulen für Rabbiner: die liberale ‚Hochschule für die Wissenschaft des Judentums', an der nach den Begründern Abraham Geiger und Leopold Zunz später u. a. Hermann Cohen und Leo Baeck unterrichteten und das orthodoxe ‚Rabbinerseminar' der Gemeinde Adass Jisroel unter Leitung von Esriel Hildesheimer.

Die hoffnungsvollen Ansätze des Edikts von 1812 wurden jedoch während der Restaurationszeit alsbald verwässert, als Friedrich Wilhelm III. 1823 Juden aus dem Staatsdienst entließ und sie wieder von der Lehrtätigkeit an Universitäten und Schulen ausschloß – Maßnahmen, die viele dazu zwangen, zum Christentum überzutreten.

Es liegt auf der Hand, daß viele Juden mit dem politischen Liberalismus sympathisierten und sich aktiv an der 48er Revolution beteiligten, in deren Folge sich auch ihre rechtliche Lage verbesserte, als in der neuen preußischen Verfassung von 1850 die Gleichheit aller Preußen vor dem Gesetz verfügt wurde. Dies galt nun auch für Juden in den unter Friedrich dem Großen okkupierten polnischen Provinzen Preußens. Wirklich gesichert war die rechtliche Gleichstellung dann mit der Reichsgründung von 1871.

Bedingt durch Industrialisierung und wirtschaftliche Entwicklung in den Gründerjahren, die vielen die Möglichkeit zu Existenzgründungen bot, zog es viele Juden nach Berlin. Die Geschichte der preußischen Juden im 19. Jahrhundert ist die Geschichte eines sozialen Aufstiegs. Da die Berufsaussichten auch nach der rechtlichen Gleichstellung von 1871 *de facto* noch immer eingeschränkt waren, strebten viele Juden in die freien Berufe: Sie ließen sich als Ärzte und Rechtsanwälte nieder, arbeiteten als Journalisten und freie Schriftsteller, gingen in die Industrie oder an außeruniversitäre Forschungsinstitute. Sozialer Aufstieg war Juden vor allem im Handel und in bestimmten Wirtschaftsbereichen, wie etwa der Textilindustrie möglich. Berufliche Traditionen, die sich aus Berufsbeschränkungen vergangener Jahrhunderte ergaben, spielten weiterhin eine Rolle.

Jüdische Unternehmen prägten in der Kaiserzeit das Erscheinungsbild und die Kultur der Großstadt Berlin: Elektrounternehmen wie die AEG, Kaufhäuser wie Tietz oder Wertheim, Zeitungsverlage wie die von Leopold Ullstein und Rudolf Mosse, Zigarettenfirmen wie Garbaty oder Loeser & Wolff stehen beispielhaft für die neue jüdische Wirtschaftselite.

Das erstarkende Selbstbewußtsein fand auch im Bau der Neuen Synagoge in der Oranienburgerstraße im Jahre 1866 seinen Ausdruck. Mit ihrer vergoldeten Kuppel galt die Synagoge als der schönste Sakralbau Berlins, der sogar den damaligen Dom in den Schatten stellte.

Die Zahl der jüdischen Einwohner Berlins stieg im Laufe des 19. Jahrhunderts sprunghaft an: Hatten im Jahr des Emanzipationsedikts etwa 3.000 in Berlin gelebt, so waren es 1875 schon über 45.000 geworden, eine Zahl, die sich in den folgenden 25 Jahren durch den Zuzug von Ostjuden, die in Deutschland vor den Pogromen in Rußland und Polen Zuflucht suchten, noch einmal mehr als verdoppelte. In der Zeit der Weimarer Republik schließlich lebten 173.000 Juden in Berlin, das war fast die Hälfte der jüdischen Bevölkerung Preußens und ein Drittel der Juden in Deutschland.

Für das schon weitgehend assimilierte jüdische Berliner Bürgertum jedoch stellte dieser Zuzug aus dem Osten ein großes Problem dar. Viele sahen in den Ostjuden den Grund für den sich wieder verstärkenden Antisemitismus und sprachen sich – so paradox das klingen mag – für eine Zuzugssperre aus. Ostjuden waren vielfach nicht nur ärmer als die assimilierten Berliner Juden, sie unterschieden sich auch in ihren Lebensgewohnheiten auf vielfältige Weise von diesen. Im Straßenbild waren sie durch ihre Haartracht und Kleidung (‚Kaftanjuden') auszumachen, sie sprachen Jiddisch und waren überwiegend orthodoxen Glaubens. Sie lebten in Großfamilien und ließen sich vor allem im Scheunenviertel nieder, wo sie ein Zentrum ostjüdischen Lebens in Berlin schufen, das den Zeitgenossen gleichsam als ‚jüdisches Ghetto' erschien.

Berlin war der Ort, an dem 1781 die erste politische Theorie der Judenemanzipation entworfen, aber auch ein Jahrhundert später, 1879, der Begriff ‚Antisemitismus' geprägt wurde. Für die Reaktion antisemitischer Kreise in der Kaiserzeit charakteristisch ist die Schrift *Unsere Aussichten* des Historikers Heinrich von Treitschke. Er prägte das Schlagwort: „Die Juden sind unser Unglück!", das später die Nationalsozialisten dankend aufgriffen. Die von dieser Schrift ausgelöste öffentliche Debatte mündete 1880 in die *Antisemiten-Petition.* Ihre etwa 250.000 Unterzeichner forderten von Bismarck, den weiteren Zuzug von Juden nach Deutschland zu beschränken und sie vor allem von staatlichen Ämtern auszuschließen. Der Begriff und die damit verbundene Ideologie wurden schnell salonfähig.

Doch die Mehrheit der Juden ließ sich durch Hetzschriften oder antisemitische Ausschreitungen nicht verschrecken. Sie lebten im Gefühl von Rechtssicherheit und begriffen sich als ‚deutsche Staatsbürger jüdischen Glaubens'. Patriotisch gesonnen und in ihrer Mehrzahl loyale Monarchisten, zogen Tausende als Freiwillige in den Ersten Weltkrieg. 12.000 jüdische Soldaten ließen für ‚Kaiser und Reich' ihr Leben. Doch auch dies brachte die antisemitische Propaganda nicht zum schweigen. Im Gegenteil – als der Krieg verloren ist, sind die Schuldigen schnell gefunden: Sozialdemokraten und Juden haben die schmähliche Kapitulation zu verantworten. ‚Die Juden' werden als Drückeberger und Kriegsgewinnler verleumdet. Der Antisemitismus verschärft sich: Ausschreitungen gegen die Juden im Scheunenviertel 1919 und 1923, die Ermordung Walther Rathenaus in Berlin im Jahre 1922 und ab 1931 erste öffentliche Überfälle der Nationalsozialisten auf Juden am Kurfürstendamm sind Vorboten des kommenden Genozids.

Doch die Jahre der Weimarer Republik sind nicht nur eine Zeit der Anfeindungen. Sie bilden zugleich die Blütezeit jüdischer Kultur und Wissenschaft in Berlin. Nie hatten die Juden mehr Möglichkeiten, sich wirtschaftlich und kulturell zu entfalten. Erwähnt sei etwa der Beitrag jüdischer Ärzte in neueren Bereichen der Medizin, wie der Sexualwissenschaft, der Sozialmedizin oder der Psychoanalyse. Da die Berliner jüdische Gemeinde die größte Deutschlands war, hatten zahlreiche der neu gegründeten Vereine und Organisationen ihren Hauptsitz hier. In der freieren Atmosphäre der Republik konnten viele Reformansätze aus der Kaiserzeit umgesetzt werden.

Seit dem Kaiserreich erschienen die wichtigsten jüdischen Zeitungen in Berlin, so etwa die *Central-Vereins-Zeitung* oder die zionistische *Jüdische Rundschau*. Jüdische Intellektuelle gehörten zu den Exponenten des Berliner Kulturlebens sowohl im Kaiserreich als auch in der Weimarer Republik. Ihre Namen stehen heute exemplarisch für jene Übergangszeit zwischen der bürgerlichen Kultur des 19. und der Massenkultur des 20. Jahrhunderts, für die künstlerischen Avantgarden wie auch für den Aufstieg der neuen Medien Rundfunk und Film. Zu nennen wären unter vielen anderen die Maler Max Liebermann und Lesser Ury, die Kritiker Arthur Eloesser und Alfred Kerr, der Theaterregisseur Max Reinhardt, der Verleger Samuel Fischer und der Filmregisseur Ernst Lubitsch. Besonderer Erwähnung bedarf ihr Beitrag zur deutschen Literatur, in der Namen wie Georg Hermann, Alfred Döblin, Else Lasker-Schüler, Gertrud Kolmar oder Walter Benjamin heute einen Ehrenplatz innehaben.

Mit der Machtergreifung Adolf Hitlers verschlechtern sich die Lebensbedingungen jüdischer Bürger zusehends. Nach der ersten großen Welle der Gewalt gegen politische Gegner der Nationalsozialisten im Anschluß an den Reichstagsbrand setzt im April 1933 ein angeordneter Boykott gegen jüdische Geschäfte, Waren und Institutionen ein. Bald darauf werden ‚nichtarische' Richter, Rechtsanwälte und Ärzte aus den Berliner Gerichten und Krankenhäusern entlassen, wenig später drängt man die Juden aus allen Beamtenstellungen. Die Nürnberger Rassengesetze von 1935 bringen weitere Diskriminierungen mit sich, ‚Nichtariern' wird die deutsche Staatsbürgerschaft aberkannt. Seit 1937 werden jüdische Firmen ‚arisiert', d.h. weit unter Wert zwangsverkauft. In der sogenannten ‚Reichskristallnacht' vom 9. zum 10. November 1938 brennen die Synagogen, und allein in Berlin werden tausende jüdische Geschäfte zerstört. Am 12. November 1938 folgt die *Verordnung zur Ausschaltung der Juden aus dem Wirtschaftsleben.* Die Nationalsozialisten können sich nun der jüdischen Vermögen legal bemächtigen. Wenige Monate darauf werden die Juden per Verordnung dazu gezwungen, allen Schmuck und Wertgegenstände in staatlichen Sammelstellen abzuliefern. Wer irgend kann, verläßt so schnell wie möglich das Land.

Gleichwohl lebten 1937 noch immer etwa 140.000 Juden in Berlin, da die Auswanderung durch eine Nachwanderung aus den umliegenden Provinzen ausgeglichen wurde. Mit Beginn des Zweiten Weltkriegs 1939 verringerten sich die Chancen für ein Entkommen drastisch. Im Oktober 1941 begannen die ersten Deportationen, und am 20. Januar 1942 wurden auf der Wannsee-Konferenz die Weichen für die sogenannte ‚Endlösung der Judenfrage' gestellt.

Wer nicht hatte emigrieren können oder wollen, saß in der Falle. Daran konnte auch die 1933 gegründete ‚Reichsvertretung der deutschen Juden', die wirtschaftliche, soziale und kulturelle Selbsthilfe koordinierte, nichts ändern. Über 55.000 Berliner Juden wurden verschleppt und ermordet. Nur etwa 5.000 überlebten das Dritte Reich in der Stadt – entweder im Untergrund oder als Ehepartner von Nichtjuden.

In der Geschichte der Juden Berlins und Preußens lagen über Jahrhunderte Licht und Schatten dicht nebeneinander. Im Zuge der Aufklärung ging von Preußen die erste Diskussion über die Judenemanzipation aus. Gleichzeitig wurden gerade hier im späten 19. Jahrhundert die politischen und ideologischen Grundlagen des modernen Antisemitismus gelegt. Es war jedoch wiederum der Preußische Staat, der von der Mitte des 19. Jahrhunderts an seinen jüdischen Einwohnern den gesellschaftlichen Aufstieg ermöglichte und dadurch eine wissenschaftliche, wirtschaftliche und künstlerische Blütezeit einleitete. In der jüdischen Bevölkerung erwuchs daraus die Vorstellung einer besonderen ‚deutsch-jüdischen Symbiose', die sich erst mit der Machtergreifung der Nationalsozialisten als radikale Illusion erweisen sollte.

II. Bis zum Jüngsten Tag: Die jüdische Trauer

Die Tatsache, daß bis heute jüdische Friedhöfe aus frühchristlicher Zeit und dem Mittelalter erhalten sind, hängt unmittelbar mit der jüdischen Tradition und ihren Trauerbräuchen zusammen. Die Totenruhe ist für die Juden unantastbar. Der Verstorbene schläft seinen ewigen Schlaf bis zum Tag der Auferstehung und der Friedhof ist sein ‚Haus des ewigen Lebens' (*Beth ha Chajim*), sein ‚ewiges Haus' (*Beth olam*) bzw. sein ‚Haus der Gräber' (*Beth ha kewaroth*). Im Jiddischen wird der Friedhof auch der ‚heilige' oder ‚gute Ort' genannt. Die ewige Ruhe soll dem Toten garantiert werden, erneute Belegungen von Gräbern nach Ablauf der Ruhefrist (wie etwa auf christlichen Friedhöfen) sind daher nicht üblich.

Der Trauernde führt die verschiedenen Trauerriten nicht allein, sondern gemeinsam mit seiner Gemeinde durch. Im späten Mittelalter begann man damit, Beerdigungsbruderschaften (*Chewra Kadischa*, wörtlich: heilige Vereinigung) zu gründen. Alle für die Beerdigung notwendigen rituellen Tätigkeiten werden seitdem von der jeweiligen *Chewra Kadischa* durchgeführt. (Abb. 2) Ihre Mitglieder kümmern sich schon um den Kranken und übernehmen im Todesfall die rituelle Waschung, die *Tahara,* durch die der Verstorbene von seinen Sünden gereinigt wird, alsdann seine Bekleidung mit den Sterbegewändern, den *Tachrichin,* die aus gänzlich schmucklosem

Abb. 2: Eine Begräbnisbruderschaft (Chewra Kadischa) bei der Arbeit: Gebet am Sterbebett – Totenwaschung (Tahara) – Ausheben des Grabes. Gemäldezyklus, Prag, um 1780.

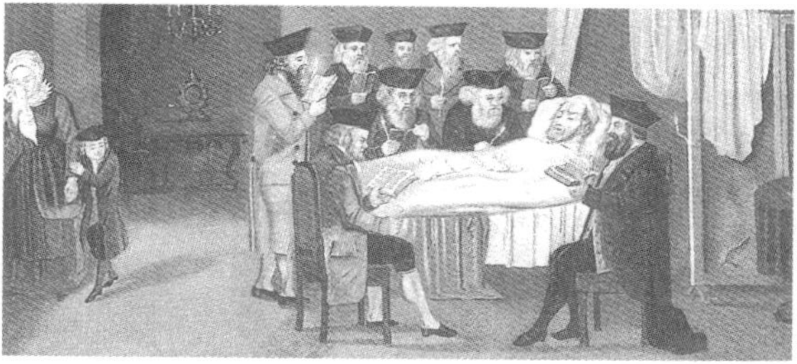

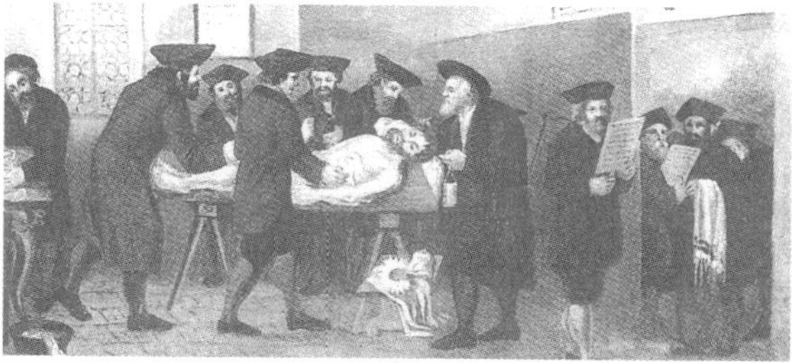

weißem Leinen bestehen, und betten ihn in einen einfachen Holzsarg (*Aron*). Männliche Verstorbene werden außerdem in ihren Gebetsmantel (*Tallith*) gehüllt. Das Haupt des Toten ruht auf einem kleinen Beutel Erde aus dem heiligen Land, durch den symbolisch die Verbindung zum Land der Väter wiederhergestellt wird.

Als Zeichen der Trauer fügen die Hinterbliebenen ihrer Kleidung einen Riß (*Kerija*) zu. Er versinnbildlicht den Riß in ihrem Herzen, der durch den schmerzlichen Verlust des Verwandten entstanden ist. Außerdem wird ein Licht entzündet, das sieben Tage brennen und jedes Jahr am Todestag des Verstorbenen wieder leuchten soll (*Jahrzeit*), denn in der Bibel wird die menschliche Seele mit einem Licht verglichen. Der geschlossene Sarg wird in der Trauerhalle aufgebahrt, dort findet auch die Trauerfeier statt, bevor der Tote das Geleit (*Lewaja*) zu seinem Grab erhält, das immer erst am Tag der Beisetzung ausgehoben wird. Ist der Sarg in das Grab gesenkt, wirft jeder der Anwesenden drei Schaufeln Erde darauf, bis er vollständig bedeckt ist, dann spricht der Sohn oder ein anderer männlicher Hinterbliebener das Kaddisch-Gebet.

Nun beginnt die Trauerwoche (*Schiwa* – die sieben Tage). Die Trauernden bleiben zu Hause, werden jedoch von Gemeindemitgliedern besucht. Vom folgenden Sabbat an sprechen die männlichen Angehörigen elf Monate lang zu allen Gottesdiensten das Kaddisch-Gebet der Trauernden vor der Gemeinde. Sind Vater oder Mutter verstorben, beträgt die Trauerzeit ein volles Jahr, bei anderen Verwandten dauert sie dreißig Tage. In dieser Zeit trägt man Trauerkleidung. Erst nach Ablauf des Trauerjahres soll der Grabstein gesetzt werden. Wie viele Ritualvorschriften zogen auch die Trauerbräuche die Kritik der jüdischen Aufklärer auf sich. Erwähnenswert ist etwa die von

Abb. 3: Titelkupfer von Marcus Herz',Über die frühe Beerdigung der Juden' (1787) mit dem Grab Mendelssohns (links) und einem lebendig Begrabenen (rechts), nach einer Zeichnung von Wilhelm Chodowiecki.

Mendelssohn und Marcus Herz angestrengte Polemik gegen die als irrational und gefährlich empfundene ‚frühe Bestattung' der Juden (Abb. 3).

In der Bibel wird erzählt, daß Jakob beim Tode Rachels eine abgebrochene Säule auf ihrem Grab errichtete. Das hebräische

Wort *Mazzewah* bedeutet sowohl Säule als auch Grabstein. Im alten Palästina setzte man den Toten keine individuellen Grabsteine. Sie wurden in Höhlen beigesetzt, in Senk- oder Nischengräbern, bisweilen auch in Sarkophagen oder in Sammelgräbern. Ursprünglich markierte man die Gräber durch kleine Steinhaufen. Um den Toten zu ehren und das Grab zu erhalten, legte man beim Besuch einen Stein darauf, ein Brauch, der sich bis in die heutige Zeit erhalten hat, obwohl längst der individuelle Grabstein den archaischen Steinhaufen ersetzt hat. Der Sarkophag fand in der Neuzeit als Grabform wieder Verwendung, Beispiele dafür finden oder fanden sich auf allen Berliner jüdischen Friedhöfen. Die Toten wurden jedoch in einem *Aron* erdbestattet und der Sarkophag über die Grabstelle gebaut. Während die Grabsteine bis ins 18. Jahrhundert zumeist Sandsteintafeln waren, tauchen im 19. Jahrhundert häufig Obelisken auf.

Neben den Inschriften in hebräischer und/oder deutscher Sprache finden wir auf jüdischen Grabsteinen vielfach symbolische Darstellungen, die sich häufig auf den Namen des Verstorbenen beziehen, etwa Tiergestalten wie Löwe, Bär, Hirsch, Taube o. ä., segnende Hände tauchen häufig in Verbindung mit dem Namen Cohen auf (*Kohanim* hießen in alter Zeit die Priester), Wasserkrug und Schale verweisen auf den Namen Levi (die Leviten waren zum Dienst an den Priestern berufen und wuschen ihnen vor dem Segen die Hände). Auf den Grabsteinen von Rabbinern findet sich bisweilen ein Buch, das an den Schriftgelehrten erinnert. Man trifft ferner auf den gefällten Baum, die abgebrochene Säule oder die zerbrochene Kerze als Symbole für den abgerissenen Lebensfaden, eine sich in den Schwanz beißende Schlange als Symbol der Ewigkeit, die Sanduhr, die Vergänglichkeit symbolisiert, den Davidsstern, Nachbildungen antiker Öllampen oder die Menora,

Abb. 4: Menora in der Außenmauer des Ehrenhaines für die Gefallenen des Ersten Weltkrieges (Herbert-Baum-Straße).

den siebenarmigen Leuchter als Symbol für den Jerusalemer Tempel, für geistiges Licht oder einfach zur Erinnerung an Frauen, da diese am Sabbat die Lichter anzünden (Abb. 4). Im 19. Jahrhundert gestaltete man bisweilen den ganzen Grabstein als abgebrochene Säule oder Baumstumpf.

Portrait-Reliefs aber finden sich normalerweise auf jüdischen Grabsteinen nicht. Daß mit zunehmender Säkularisierung im ausgehenden 19. Jahrhundert diese Regel nicht immer streng befolgt wurde, zeigen einige Grabmäler auf den Friedhöfen an der Schönhauser Allee und der Herbert-Baum-Straße. Traditionell werden auf jüdischen Gräbern keine Blumen gepflanzt, denn die Erde, in die der Tote gebettet ist, gehört ihm allein. Pflanzen könnten der Erde Kraft entziehen, die der Tote am Tag der Auferstehung selber braucht. Auch das Blumen-Tabu wird seit dem 19. Jahrhundert nicht mehr so streng beachtet.

III. Jüdische Friedhöfe in Berlin

Der Spandauer Juden-Kiewer

Die im Mittelalter in Berlin lebenden Juden besaßen keinen eigenen Friedhof. Sie beerdigten ihre Toten auf dem Spandauer Juden-Kiewer, der erstmals 1324 erwähnt wird. Das Friedhofsgelände war jedoch nicht in jüdischem Besitz, für seine Nutzung mußte der Stadt Spandau ein jährlicher Grundzins von 1 Schock und 13 Groschen sowie eine Gebühr für jede einzelne Beerdigung und ein Durchfuhrzoll für den Transport der Leiche durch das Spandauer Stadtgebiet gezahlt werden. Vermutlich im frühen 15. Jahrhundert richteten die Spandauer und die Berliner jüdische Gemeinde zwei getrennte Friedhöfe auf Spandauer Territorium ein. Heute existieren diese Begräbnisplätze nicht mehr. Als die Juden 1510 aus der Mark Brandenburg vertrieben wurden, zerstörte man auch die alten Friedhöfe und nutzte einen Teil der Grabsteine beim Bau der Spandauer Zitadelle, die zwischen 1520 und 1533 errichtet wurde. Bei Restaurierungsarbeiten an der Zitadelle im Jahre 1955 fand man 70 Grabsteine mit hebräischen Inschriften. Da sie Jahrhunderte lang in den Grundmauern der Zitadelle verbaut waren, blieben sie erstaunlich gut erhalten (vgl. Frontispiz). Der älteste Stein ist auf das Jahr 1244 datiert, dasselbe Jahr, aus dem die erste urkundliche Erwähnung der Stadt Berlin stammt – ein Detail, das belegt, wie eng die Geschichte Berlins mit der Geschichte seiner jüdischen Besiedlung verknüpft ist. Einige dieser Grabsteine befinden sich heute auf dem jüdischen Friedhof in der Heerstraße in der Nähe des Eingangsbereiches.

Abb. 5: Der Friedhof an der Großen Hamburger Straße vor der Zerstörung.

Der verschwundene Friedhof

Der erste ‚Gute Ort' auf Berliner Stadtgebiet befand sich wahrscheinlich an der einstigen Judengasse, der späteren Landwehrstraße. Es gibt jedoch keine eindeutigen Belege über genaue Lage und Nutzungszeit des Friedhofs. Als sich Juden um 1539 wieder in Berlin ansiedelten, bestatteten sie ihre Toten bis zur erneuten Vertreibung um 1571 vermutlich auf diesem Begräbnisplatz. Ob er schon früher bestanden hatte und auch die Opfer des Pogroms von 1348, die sterblichen Überreste der 1510 auf dem Scheiterhaufen hingerichteten Juden und der Münzmeister Lippold dort beigesetzt worden waren, darüber läßt sich nur spekulieren. Die letzten Spuren des Friedhofs sollen 1866 abgetragen worden sein. Seit 1988 markiert ein Gedenkstein an der Mollstraße die Stelle.

In memoriam Moses Mendelssohn

Den Besucher, der heute durch die Große Hamburger Straße flaniert, erinnert wenig an den einst von Efeu bewachsenen und von hohen Bäumen überschatteten Friedhof, der kaum größer als ein halber Hektar war, auf dem jedoch in den gut 150 Jahren seiner Nutzung ungefähr 3.000 Juden ihre letzte Ruhestätte fanden (Abb. 5). Gegründet 1672 auf einem Grundstück, das der jüdischen Gemeinde von einem privaten Stifter – an den noch heute eine Gedenktafel erinnert – zur Verfügung gestellt worden war, wurde der Friedhof bis zum Jahre 1827 genutzt. Heute findet man auf dem Gelände lediglich eine Rasenfläche und einige Steine, die erhalten geblieben sind, weil sie in die Mauer eines angrenzenden Hauses integriert waren. Unter ihnen befindet sich auch das Grab von Gumpericht Jechiel

Aschkenasi, der 1672 hier als erster beigesetzt wurde. Auch die 50 Wiener Familien, die 1671 als Schutzjuden vom Großen Kurfürsten nach Berlin geholt worden waren, haben hier ihre letzte Ruhe gefunden.

Nur ein einziger Grabstein steht heute noch an prominenter Stelle. Der berühmte Philosoph, Aufklärer und Wegbereiter der Judenemanzipation Moses Mendelssohn (1729-1786) lag hier begraben. Nach dem Krieg hat man die Lage seines Grabes ungefähr rekonstruiert und ihm einen neuen Gedenkstein gesetzt. Auf dem Friedhof befand sich auch das Grab von Veitel Heine Ephraim (1703-1775), dem größten preußischen Münz- und Silberkaufmann, der im Siebenjährigen Krieg – wohl mit Billigung Friedrichs des Großen – an der Prägung minderwertigen Kriegsgeldes beteiligt war, das im Volksmund ‚Ephraimiten' genannt wurde. 1763 gewährte ihm der König rechtliche Gleichstellung mit den christlichen Bankiers und gestattete ihm den Ankauf eines Hauses, das als ‚Ephraim-Palais' bekannt wurde, damals als schönstes Berliner Privathaus galt und nach seinem Abriß 1935 in den 80er Jahren originalgetreu wiedererrichtet wurde.

Der Hofbankier Friedrichs des Großen, Daniel Itzig (1725-1799), und sein Sohn Isaak Daniel Itzig (1750-1806), Begründer der Berliner jüdischen Freischule (1778) lagen hier begraben. Der Arzt und Philosoph Markus Herz (1747-1803), Ehemann von Henriette Herz, die in ihrem Haus an der Friedrichstraße ihren berühmten Berliner Salon führte, sowie der Bankier Jacob Herz Beer (1769-1825), Vater des Komponisten Giacomo Meyerbeer, fanden hier ihre letzte Ruhestätte.

Vor dem Friedhof stand seit 1844 das erste Jüdische Altersheim. 1942 baute die Gestapo das Gebäude zu einem Gefängnis um. Das Friedhofsgelände selbst nutzte man für die Hofgänge der Internierten. In diesem berüchtigten Sammellager

Abb. 6: Mahnmal an der Stelle des zerstörten jüdischen Altersheims in der Großen Hamburger Straße (Entwurf: Will Lammert).

wurden Zehntausende Berliner Juden zusammengetrieben und in die Konzentrationslager Auschwitz und Theresienstadt deportiert. Die Nazis verwüsteten die Friedhofsanlage 1943, zogen einen Splittergraben quer durch das Gelände, den sie mit Grabsteinen abstützten, und warfen die Gebeine der Toten hinaus. Im April 1945 wurde das Friedhofsgelände dann als Massengrab für gefallene Soldaten und Zivilisten genutzt, die bei Bombenangriffen in den letzten Kriegstagen getötet worden waren. An der Stelle des schon 1943 zerstörten Altersheims mahnt heute ein Gedenkstein an die 55.000 in der Nazizeit ermordeten Berliner Juden. 1985 errichtete man dort auch eine Gruppe aus fast lebensgroßen Bronzefiguren nach Entwürfen des Bildhauers Will Lammert als Mahnmal für die Opfer des Faschismus (Abb. 6). Das Gelände, das nach jüdischer Vorstellung natürlich nie aufgehört hat, ein Friedhof zu sein, wirkt heute eher wie eine Grünanlage. Man kann es den Besuchern kaum verdenken, wenn sie es nicht als geweihten Ort erkennen – zu diskret ist die symbolische Ausstattung.

Die wenigen historischen Aufnahmen, die vom Friedhof in der Großen Hamburger Straße existieren, zeigen noch deutlich eine relativ einheitliche Gestaltung der Grabsteine. Nur geringfügig variierte die Höhe der hebräisch beschrifteten Steine (es gab außerdem einige Sarkophaggräber), Sandstein herrschte als Material vor. Beides deutet auf die Geschlossenheit der damaligen jüdischen Gemeinde, die von ihrer Umgebung abgegrenzt ist. Die Einheitlichkeit und Schlichtheit in der Grabgestaltung soll zumindest im Tode Unterschiede zwischen arm und reich nivellieren. Diese Gleichheit im Tode sollte für spätere Generationen keine Selbstverständlichkeit mehr sein.

Bürgerpracht und Armengräber

Wie sehr sich das jüdische Selbstverständnis seit den Tagen Mendelssohns und dem Emanzipationsedikt von 1812 verändert hatte, dokumentiert der Friedhof an der Schönhauser Allee. Die Befreiung aus der gesellschaftlichen Isolation und das neu gewonnene Selbstbewußtsein sollten auch posthum zur Darstellung kommen. Der Prozeß der Emanzipation läßt sich heute noch deutlich an der Gestaltung der jüdischen Friedhöfe des 19. Jahrhunderts ablesen.

Obwohl das ‚Allgemeine Preußische Landrecht' schon 1794 weitere Bestattungen im innerstädtischen Bereich aus hygieni-

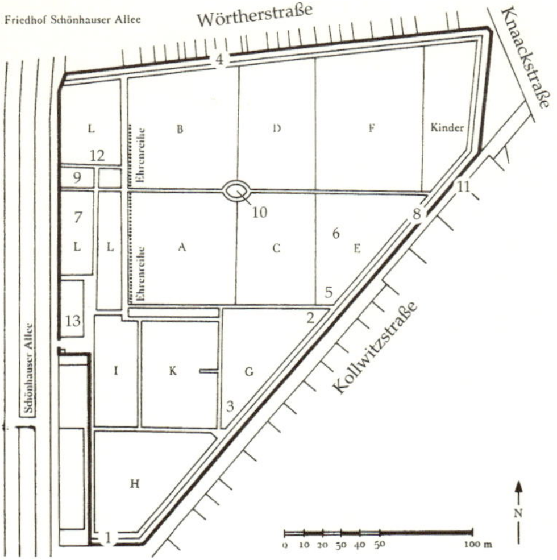

Abb. 7: (Karte Schönhauser Allee) 1. Lehwess-Manheimer; 2. Adolph Ritter Liebermann von Wahlendorf; 3. Sophie Loewe; 4. Giacomo Meyerbeer; 5. Max Liebermann; 6. Leopold Ullstein; 7. Gerson von Bleichröder; 8. Joseph Mendelssohn; 9. James Henry Simon; 10. Opfer der Revolution von 1848; 11. Kommunikation; 12. ermordete Kriegsgegner von 1944; 13. Mahnmal

schen Gründen untersagte, dauerte es 30 Jahre, bis die Berliner Jüdische Gemeinde 1824 für 5.800 Taler ein neues geeignetes Gelände für einen Friedhof erwerben konnte. Das nahezu 5 Hektar große Areal an der Pankower Chaussee (seit 1841 Schönhauser Allee) wurde nach den Entwürfen des damaligen Stadtbaurats Friedrich Wilhelm Langerhans bebaut und 1827 als Friedhof geweiht. Zur Schönhauser Allee hin ist er hinter einer gelben Ziegelmauer versteckt, an den übrigen Seiten erstreckt er sich bis an die Hinterhöfe der angrenzenden Mietskasernen. Heute befinden sich auf diesem ‚Ort der ewigen Ruhe' unter Efeu, Kastanien, Ahorn und Linden ca. 22.800 Einzelgräber und etwa 750 Erbbegräbnisse. 1880 wurde der Friedhof offiziell geschlossen, doch bis in die 1970er Jahre gab es dort einzelne Bestattungen, vor allem in Erbbegräbnissen.

Gerade das Anlegen von Erbbegräbnissen ist eine entscheidende Neuerung auf diesem Friedhof. Neben den schlichten Grabsteinen wurden jetzt entlang der Mauer und an den Hauptwegen aufwendige Familiengrabstätten aus edlen Materialien wie Marmor und Granit errichtet. Sie zeigen jedoch nicht nur den gesellschaftlichen Status eines wohlhabenden jüdischen Bürgertums, sie zeigen vor allem, daß sich das Lebensgefühl der Berliner Juden verändert hat. Nach Jahrhunderten der Verfolgung glaubten die Juden, nun eine echte Heimstatt in Berlin gefunden zu haben, denn Erbbegräbnisse werden über Generationen genutzt.

Die Grabstätten reichen im Stil vom Barock über den Neoklassizismus bis zum Jugendstil. Der Historismus der Gründerzeit vermischte Elemente der verschiedensten Epochen. Ein gutes Beispiel ist das Erbbegräbnis Lehwess-Manheimer von 1883 in der Südwestecke des Friedhofs. Es bietet so ziemlich alles auf, was dem späten 19. Jahrhundert gut und teuer war: romanische Arkaden, manieristische Säulen, eine Renaissance-Muschel, klassizistische Kapitelle und Giebelschmuck. Auf dem Friedhof finden sich auch verschiedene Sarkophaggrabmäler. Ein typisches Beispiel im neo-barocken Stil ist das für Adolph Ritter Liebermann von Wahlendorf (um 1880). Be-

Abb. 8: Grabmal der Fabrikantengattin Sophie Loewe (errichtet 1876), frühestes Beispiel für Porträtschmuck auf einem jüdischen Grab in Berlin.

merkenswert ist, daß auf diesem Friedhof im 19. Jahrhundert erstmals mit dem jüdischen Bildertabu in der Grabmalkunst gebrochen wird. Wohl als Zeichen der Emanzipation sind auf einigen Grabstätten Reliefs mit den Portraits der Verstorbenen angebracht. Das früheste Beispiel ist ein Marmor-Medallion auf dem Grab der Fabrikantengattin Sophie Loewe von 1876 (Abb. 8).

Die Zahl der bedeutenden Wissenschaftler, Künstler, Unternehmer, Ärzte und Politiker, die hier beerdigt sind, ist groß. Die Familie des Komponisten Giacomo Meyerbeer (1791-1864) hat hier ihr Erbbegräbnis. Giacomo Meyerbeer, der eigentlich Jacob

Liebmann Meyer Beer hieß, arbeitete von 1816 bis 1824 in Italien, wo er erste Opernerfolge feierte und seinen italienischen Namen annahm. Seit 1825 lebte er in Frankreich; dort komponierte er 1836 seine berühmteste Oper *Die Hugenotten*. Von Friedrich Wilhelm IV. wurde er schließlich 1842 zum Generalmusikdirektor der königlichen Oper in Berlin ernannt – ein ungewöhnlich hohes Staatsamt für einen nicht konvertierten Juden. Er starb in Paris, seinem letzten Willen entsprechend wurde sein Leichnam jedoch nach Berlin überführt und im Erbbegräbnis der Familie beigesetzt.

Hier liegt auch der Maler Max Liebermann (1847-1935), einer der berühmtesten Künstler seiner Zeit, Mitbegründer der Berliner Secession, einer einflußreichen Vereinigung fortschrittlicher Künstler. 1898 wurde der größte deutsche Impressionist in die Akademie der Künste aufgenommen, deren Präsident er später werden sollte. Er blieb es, bis die Nationalsozialisten ihn 1933 aus dem Amt jagten und seine Bilder aus allen deutschen Museen entfernten. Die NS-Aufmärsche der frühen 30er Jahre, die er aus den Fenstern seines Palais gleich neben dem Brandenburger Tor mitansehen mußte, kommentierte er mit dem klassischen Satz: „Man kann gar nicht so viel fressen, wie man kotzen möchte!“ Seine Witwe nahm sich 1943 das Leben, um der Deportation durch die Gestapo zu entgehen. Sie wurde auf dem Friedhof in Weißensee bestattet und nach Kriegsende ins Familiengrab umgebettet (Abb. 9).

Ein schlichter Obelisk aus rötlichem Granit markiert das Grab des bekannten Berliner Verlegers Leopold Ullstein (1826-1899). Ullstein, der als Papierhändler angefangen hatte, gründete einen der größten Zeitungs- und Buchverlage der Welt, der auf seinem Höhepunkt neben fünf Tages- und acht Wochenzeitungen unzählige Bücher veröffentlichte. Die Berliner

Abb. 9: Erbbegräbnis Familie Liebermann (vorne links die Grabplatte des Malers Max Liebermann, 1847-1935).

Politik bestimmte er von 1871 bis 1877 als Stadtverordneter mit. Die Firma wurde 1934 zwangsverkauft – für sechs Millionen Mark, höchstens einem Zehntel ihres damaligen Wertes, und in den gleichgeschalteten ‚Deutschen Verlag' umgewandelt.

Auch der Bankier Gerson von Bleichröder (1822-1893) wurde an der Schönhauser Allee beerdigt. Er übernahm das Bankhaus seines Vaters, das enge Beziehungen zum Hause Rothschild unterhielt und entwickelte es zu einer der führenden Banken Deutschlands. Er wurde Bankier der Preußischen Krone und avancierte zum Finanzberater Otto von

Bismarcks, der ihn als ersten ungetauften Juden in Preußen in den Adelsstand erhob. 1938 wurde das Bankhaus ‚arisiert'.

Joseph Mendelssohn (1770-1848), der älteste Sohn des Philosophen Moses Mendelssohn, gründete mit seinem jüngeren Bruder Abraham (dem Vater des Komponisten Felix Mendelssohn-Bartholdy) eines der angesehensten Bankhäuser Deutschlands. Natürlich wurde auch diese Bank im Dritten Reich ‚arisiert'.

Der Großkaufmann James Henry Simon (1851-1932) galt nicht nur als einer der reichsten Männer Preußens, sondern auch als einer der bedeutendsten Berliner Kunstsammler. Er initiierte die Gründung der Deutschen Orientgesellschaft und unterstützte über Jahrzehnte die großen Ausgrabungen in Mesopotamien, Palästina und Ägypten. Er schenkte den Berliner Museen nicht nur Funde wie die berühmte *Nofretete,* er stiftete auch seine riesigen Sammlungen italienischer und deutscher Renaissancekunst. Simon leistete außerdem Bedeutendes für die soziale Fürsorge, unterstützte z.B. zahlreiche jüdische Hilfsvereine. Die Preußische Akademie der Wissenschaften ehrte Simon, der den ihm vom Kaiser angebotenen Adelstitel abgelehnt hatte, 1901 mit der Leibnitzmedaille in Gold. Die Tilgung seines Namens als Stifter von den Kunstwerken durch die Nationalsozialisten mußte der 1932 verstorbene Simon nicht mehr erleben. Seine Schenkungen wurden als die eines „anonymen Sammlers" in den Fundus der Museen übernommen. So sollte die Erinnerung an den Mann, der

Abb. 10: Zisterneneingang auf dem Friedhof Schönhauser Allee mit Gedenktafel für eine Gruppe hingerichteter Deserteure.

DEN TOD ANDERER
NICHT ZU WOLLEN
DAS WAR IHR TOD

die Berliner Museen über 50 Jahre lang unterstützt und ihnen Kunstschätze im Werte von etwa 40 Millionen Reichsmark überlassen hatte, ausgelöscht werden.

Auf dem Friedhof befinden sich auch zwei Grabmäler für jüdische Opfer der Barrikadenkämpfe während der gescheiterten Revolution von 1848. Den jüdischen Soldaten, die in den Kriegen von 1866 und 1870/71 fielen, setzte man ein Denkmal, das als Obelisk mit aufgesetzter Kugel gestaltet ist.

Doch die Mehrzahl der Toten fand nicht in prunkvollen Erbbegräbnissen ihre letzte Ruhe. Für Tausende armer Bewohner des Scheunenviertels mußte ein Nummernstein genügen. Ihnen stand nicht einmal der Haupteingang des Friedhofs offen, denn wenn die Hofgesellschaft mit ihren Kutschen über die Schönhauser Allee zum Schloß Niederschönhausen fuhr, wollte sie nicht durch den Anblick der armseligen Judenprozessionen gestört werden. Friedrich Wilhelm III. verfügte deshalb, der Friedhof sei über einen Hintereingang zu betreten. So entstand in der Knaackstraße 40 der sogenannte Judengang, auch Kommunikation genannt.

Ursprünglich befand sich auf dem Gelände eine Brauerei und Meierei. Reste von Zisternen findet man noch immer. In einer dieser Zisternen versteckten sich in den letzten Wochen des Jahres 1944 junge Deserteure. Doch die Gestapo entdeckte sie, erhängte sie an den Friedhofsbäumen und warf sie dann in die Zisterne. „Den Tod anderer nicht zu wollen, das war ihr Tod", ist auf einer Gedenktafel zu lesen, die an der Umfriedung des Zisterneneingangs angebracht ist (Abb. 10). (Die Richtigkeit dieser Angaben wird übrigens von einigen Historikern angezweifelt.)

Der Zweite Weltkrieg zog die Friedhofsanlage stark in Mitleidenschaft. Im Frühjahr 1945 wurden zahllose Grabsteine ausgehoben und für eine Panzersperre verwendet. Bomben und Granaten zerstörten die Feier- und die Leichenhalle sowie das Verwaltungsgebäude links vom Eingang. An ihrer Stelle erhebt sich seit 1961 ein großer, von Ferdinand Friedrich entworfener Gedenkstein aus Sandsteinquadern: „Hier stehst Du schweigend, doch wenn Du Dich wendest schweige nicht." In den 1990er Jahren wurden auf dem Friedhof Restaurierungsarbeiten durchgeführt. Leider ist das Bestattungsregister heute nicht mehr auffindbar, so daß viele der Gräber namenlos bleiben müssen.

Der verkaufte Friedhof

Der heute verschwundene zweite Spandauer Friedhof hat eine besondere Geschichte: Im frühen 18. Jahrhundert entstand auch in Spandau wieder eine jüdische Gemeinde. Während der ersten Jahrzehnte ihres Bestehens beerdigte sie ihre Toten in Berlin, bis sie 1859 ein etwa 3,6 Hektar großes Gelände am Schülerberg erwarb, um dort einen eigenen Begräbnisplatz einzurichten. Als die Spandauer Synagogengemeinde mit Wirkung vom 1. Januar 1939 in die Jüdische Gemeinde zu Berlin eingegliedert wurde, kam auch der Spandauer Friedhof unter deren Verwaltung. Da sich das Gräberfeld inmitten der Spandauer Festung befand und 1940 vom örtlichen Wehrkreiskommando in seine Bebauungspläne miteinbezogen wurde, sollte es geräumt werden. Im Frühjahr 1940 wurden die Gebeine der etwa 200 auf dem Friedhof Beigesetzten durch jüdische Arbeitskräfte exhumiert, in neue Särge gebettet und zu einem vorbereiteten Feld auf dem Friedhof der orthodoxen Gemeinde Adass Jisroel nach Weißensee gebracht, wo sie erneut bestattet wurden. Auch die Grabsteine konnten umgesetzt und anschließend in einer schlichten Gedenkfeier neu geweiht werden. Am 17. Juni 1940 wurde, nach erfolgter Umbettung, ein Vertrag zur Übertragung des ehemaligen Friedhofsgeländes zwischen der Jüdischen Gemeinde und der Heeresstandortverwaltung Spandau-Ruhleben unterzeichnet, der jüdischen Hauptgemeinde die vereinbarte Kaufsumme von 10.300,- RM gezahlt und das Gelände der Wehrmacht übereignet. Dieser Vor-gang war wohl einmalig in einer Zeit, in der Juden in Deutschland weitgehend rechtlos waren und man, wenn noch nicht mit ihrem Leben, so doch mit ihrem Eigentum keine besonderen Umstände zu machen pflegte.

Die Totenstadt in Weißensee

Vor dem Hintergrund des schnellen Anwachsens der Berliner jüdischen Gemeinde zeichnete sich in den 70er Jahren den 19. Jahrhunderts ab, daß der auf dem Friedhof an der Schönhauser Allee vorhandene Platz in absehbarer Zeit nicht mehr ausreichen würde. Aus diesem Grund wurde ein über 40 Hektar großes Areal außerhalb der Stadtgrenze in Weißensee erworben. Den Wettbewerb um die Gestaltung des Friedhofs gewann der Architekt Hugo Licht. Nach seinen Entwürfen wurde die Friedhofsanlage gebaut und 1880 eingeweiht. Mit etwa 115.000 Grabstellen ist er nicht nur der größte jüdische Friedhof Berlins, sondern auch Europas.

Abb. 11: (Karte Herbert-Baum-Straße) 1. Louis Lewandowski; 2. Hermann Cohen; 3. Rudolf Mosse; 4. Samuel Fischer; 5. Theodor Wolff; 6. Lesser Ury; 7. Berthold Kempinski; 8. Hermann Tietz; 9. Joseph Garbáty-Rosenthal; 10. Lina Morgenstern; 11. Herbert Baum; 12. Köpenicker Grabsteine; 13. Ehrenmal 1. Weltkrieg; 14. russisch-jüdische Kriegsgefangene; 15. Joseph Schwarz; 16. Thora-Rollen; 17. Urnen von KZ-Opfern; 18. Albert Mendel

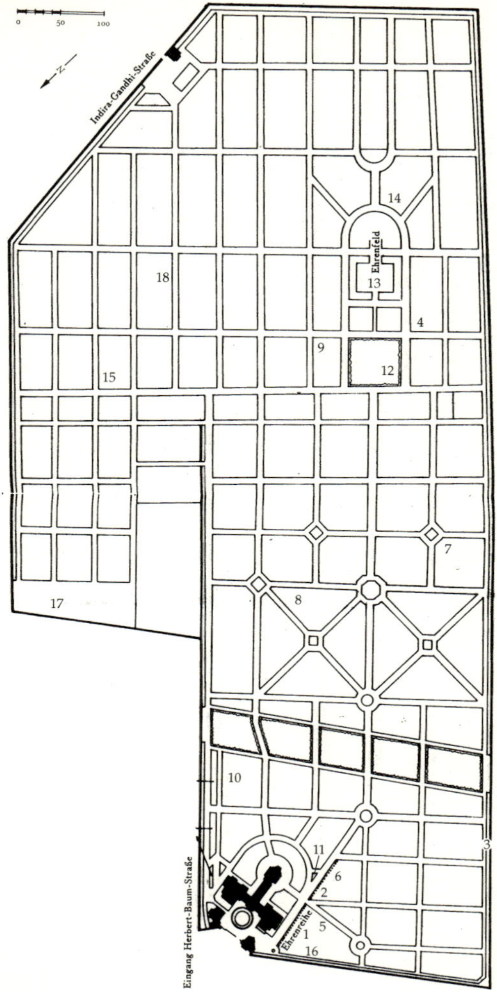

0
50
100
N
Indira-Gandhi-Straße
Ehrenfeld
14
13
18
4
9
12
15
7
8
17
10
11
3
6
2
5
1
16
Ehrenreihe
Eingang Herbert-Baum-Straße

Der Wandel der jüdischen Gemeinde in der sich rasch entwickelnden Großstadt, der sich bei der Gestaltung des Friedhofs an der Schönhauser Allee schon abzeichnete, wird hier noch sichtbarer. Die Anlage erscheint als ein Spiegel der wilhelminischen Gesellschaft und ist Beleg für die Assimilationsbereitschaft der Berliner Juden. Im Verlaufe des 19. Jahrhunderts hat sich ein breites jüdisches Bürgertum herausgebildet, das politisch, wirtschaftlich und künstlerisch in die höchsten Positionen aufsteigt und das Bedürfnis verspürt, seine wirtschaftliche Kraft, vor allem aber das erlangte gesellschaftliche Prestige zu repräsentieren. Weniger deutlich tritt das durch die einwandernden Ostjuden sehr zahlreiche jüdische Proletariat in Erscheinung.

Bei der Gestaltung des Friedhofs orientiert man sich jetzt stark an christlicher Friedhofskunst. Nur im Detail, etwa in der Ornamentik, zeigen sich noch klare Unterschiede zu christlicher Grabgestaltung. Während Skulpturen (Engel, Allegorien, etc.) auf christlichen Friedhöfen weit verbreitet sind, fehlt figürlicher Grabschmuck hier fast völlig. Lediglich die oben erwähnten Grabsymbole schmücken die Steine. Sehr symmetrisch in Dreiecke, Trapeze und Quadrate aufgeteilt, wird das Friedhofsgelände von Haupt- und Nebenwegen durchzogen. Diesen Sieg der preußischen Ordnung über das sprichwörtliche Gedränge auf älteren jüdischen Friedhöfen hat Theobald Tiger (alias Kurt Tucholsky) 1925 satirisch aufs Korn genommen:

Jedweder hat hier seine Welt: / ein Feld. / Und so ein Feld heißt irgendwie: / O oder I ... / Du siehst noch drei, vier fremde Städte, / du siehst noch eine nackte Grete, / noch zwanzig-, dreißigmal den Schnee – / und dann: / Feld P – in Weißensee – / in Weißensee.

Entlang der repräsentativen, alleeartig bepflanzten Prome-

Abb. 12: Eine Totenstadt mit großzügigen Alleen.

naden und der Mauer finden sich viele prunkvolle, bisweilen protzige Erbbegräbnisse (Abb. 12). Monumental ragt etwa das rote Granit-Mausoleum der Familie Aschrott hervor, das der Architekt des Leipziger Völkerschlachtdenkmals schuf. Wie auf den christlichen Friedhöfen der Zeit kommen jetzt bei der Errichtung der Mausoleen und Tempelbauten edelste Materialien wie Marmor, polierte Granite u.a. zum Einsatz. Glasmosaike sind in die Dächer eingelassen, kunstvolle schmiedeeiserne Gitter schmücken die Bauten. In den Reihen dahinter finden sich schlichtere Steine: Obelisken, Sandsteintafeln, abgebrochene Säulen und Bäume herrschen vor. In einigen Feldern sind es jedoch nur Nummernsteine,

Abb. 13: Grabstätte des Kaufmanns Albert Mendel (1866-1922) im Bauhausstil (Entwurf: Walter Gropius).

die die Grabstellen markieren. Die Unterteilung in Erbbegräbnisse, Wahl- und Reihenstellen ist von vorneherein vorgesehen. Bei den Wahlstellen wird ein Platz für den Ehegatten freigehalten, auf den Reihenstellen immer nur ein einzelner beigesetzt. Diese Unterteilung, die den sozialen Status des einzelnen deutlich machte, wird nach dem Zweiten Weltkrieg abgeschafft. Schon im frühen 20. Jahrhundert war jedoch auch die formale Gestaltung von Grabstätten wieder schlichter geworden (Abb. 13).

Mit der Bereitschaft zur Assimilation schwindet bei vielen Juden die religiöse Bindung, eine Entwicklung, die parallel zu Säkularisierungstendenzen in der wilhelminischen Gesellschaft läuft. Auf dem Friedhof schlägt sich das in zweierlei Hinsicht nieder: Zum einen im Rückgang hebräischer Inschriften auf den Grabsteinen. Vielfach finden sich jedoch noch einzelne hebräische Buchstaben über den Namen, wie P N (*po nibar*) oder P T (*po tamin*), d. h. „hier ist begraben", „hier ist verborgen", oder der Segensspruch TNZBH für *Tehi Nafscho Zeruah Bizior Hachajim*, was so viel bedeutet wie „Seine (oder ihre) Seele sei dem Lebensbunde einverleibt". Zum anderen werden die Geburts- und Sterbedaten zumeist nicht mehr nach dem jüdischen Kalender angegeben.

Durch den weiteren Aufschwung der jüdischen Bevölkerung im 20. Jahrhundert wurde schon bald der Bau einer zweiten Trauerhalle nötig, um die Wege auf dem Friedhof abzukürzen. Nach einem Beschluß der jüdischen Gemeinde, dem längere theologische Debatten vorausgegangen waren, wurden seit 1926 erstmals auch Feuerbestattungen zugelassen und dafür spezielle Urnenfelder nahe der neuen Trauerhalle angelegt. Die sogenannten ‚Goldenen Zwanziger Jahre' waren ein kultureller, wirtschaftlicher und wissenschaftlicher Höhepunkt in der Entwicklung der Berliner jüdischen Gemeinde. Auch das Bestattungswesen entwickelte sich entsprechend: Mehr als 200 Arbeitskräfte pflegten die Friedhofsanlage, weitere 70 standen für Beerdigungen als Gruftmacher, Sargträger etc. zur Verfügung. Außerdem betrieb der Friedhof eine große Gärtnerei, die während der ersten Jahre der NS-Zeit einen neuen Zweck erfüllte: Die dort erworbene landwirtschaftliche Ausbildung erhöhte für viele beträchtlich die Chance, eine Einreisegenehmigung nach Palästina zu erhalten.

Lang ist die Liste berühmter Künstler, Wissenschaftler, Unternehmer, Schriftsteller und Verleger, die auf diesem Friedhof beerdigt sind. Zu ihnen gehören der Komponist und Chordirigent Louis Lewandowski (1821-1894), der als musikalischer Direktor der Neuen Synagoge mit seinen Kompositionen die liturgisch gewandelten Gottesdienste der Reformbewegung begleitete. Das Sarkophaggrabmal des Philosophen Hermann Cohen (1842-1918) befindet sich ebenfalls in der Ehrenreihe. Als Gründer der Marburger Schule war er ein Vordenker des Neukantianismus, den er mit jüdischer Tradition zu vereinbaren suchte.

Der Zeitungsmagnat Rudolf Mosse (1843-1920) wurde im Erbbegräbnis seiner Familie beigesetzt. Er gründete 1867 das Mosse-Verlagshaus, das verschiedene führende Zeitungen wie das *Berliner Tageblatt*, das *Deutsche Montagsblatt* und die *Allgemeine Zeitung des Judentums*, aber auch viele Fachzeitschriften, Adreß- und Telefonbücher oder den *Rudolf-Mosse-Code für den internationalen telegraphischen Handelsverkehr* publizierte. Der Mosse-Verlag wurde schon kurz nach Hitlers Machtergreifung enteignet.

Auch Samuel Fischer (1859-1934), einer der bedeutendsten deutschen Verleger, liegt hier begraben. Er kam 1880 nach Berlin, begann als Buchhändler in der Friedrichstraße und gründete 1886 den S. Fischer Verlag, der schon bald zu einem der führenden Literaturverlage des Landes avancierte. Fischer verlegte Autoren wie Franz Kafka, Thomas Mann, Sigmund Freud und Stefan Zweig. 1934 verstarb der Verleger und wurde im Familiengrab beigesetzt. Das Signet des Verlages ist der einzige Schmuck auf seinem Grabstein. Das Verlagshaus wurde 1936 gezwungen, das Land zu verlassen, nahm aber seine Arbeit in Deutschland im Jahre 1950 wieder auf.

Unweit vom Haupteingang wurde der Journalist und Publizist Theodor Wolff (1868-1943) bestattet. Er arbeitete seit

1906 als Chefredakteur des *Berliner Tageblattes*, dessen Pariser Korrespondent er zuvor zwölf Jahre lang gewesen war. In der Nacht des Reichstagsbrandes, am 27. Februar 1933, gelang ihm die Flucht nach Frankreich. 1943 in Nizza verhaftet, verschleppten ihn die Nazis in verschiedene Gefängnisse und Konzentrationslager. Todkrank kehrte er aus Sachsenhausen nach Berlin zurück, wo er nach wenigen Tagen im Jüdischen Krankenhaus verschied.

Ein häufig besuchtes Grab ist das des impressionistischen Malers und Graphikers Lesser Ury (1861-1931). Er war Mitglied der Berliner Secession und wurde in den Zwanziger Jahren mit seinen Großstadtbildern bekannt. Die Nazis ließen Urys Werke aus allen Museen entfernen und zerstörten mehr als die Hälfte von ihnen.

Auch die Familie Kempinski ließ ein Erbbegräbnis auf dem Friedhof errichten. Berthold Kempinski (1845-1910), der berühmte Berliner Wein- und Delikatessenhändler, hatte 1873 eine Probierstube in der Leipziger Straße gegründet, die sich zu einem stadtbekannten Restaurant entwickelte. 1937 wurde das Unternehmen ‚arisiert' und eröffnete nach dem Krieg das heutige Hotel am Kurfürstendamm.

Die Jahrhundertwende war die Gründungszeit der großen Warenhäuser, die für die Berliner und ihre Besucher besondere Attraktionen darstellten. Hermann Tietz (1837-1907), der als Weißwarenhändler in Gera angefangen hatte, gründete gemeinsam mit seinem Neffen Oskar Tietz (1858-1923) das erste Hermann Tietz Kaufhaus, das sich innerhalb weniger Jahre zu einer der erfolgreichsten Kaufhausketten Deutschlands entwickelte. Schließlich übernahm die Firma auch das berühmte Kaufhaus des Westens (KaDeWe), ursprünglich 1907 von Adolf Jandorf (1870-1932) gegründet, der ebenfalls auf diesem Friedhof begraben liegt.

Im Dritten Reich wurde der Hermann Tietz Konzern ‚arisiert' und der Name mit ‚Hertie' abgekürzt.

Ein anderer prominenter Berliner Unternehmer ist Josef Garbáty-Rosenthal (1851-1939) der Ende des 19. Jahrhunderts aus Weißrußland in die Reichshauptstadt gekommen war, und hier 1890 die bekannte Zigarettenfabrik Garbaty gründete, die in Berlin-Pankow ihren Firmensitz hatte. Schon bald beschäftigte Garbáty mehr als 1600 Arbeiter, deren soziale Absicherung für die damalige Zeit vorbildlich war. Der Hochschule für die Wissenschaft des Judentums stiftete Garbáty einen Lehrstuhl, dem 2. Waisenhaus der Jüdischen Gemeinde Berlin in Pankow eine Synagoge. Während der Nazizeit wurde auch seine Firma ‚arisiert', die Familie floh nach Amerika, nur der alte Garbáty blieb. Fast 90jährig starb er 1939 in seiner Pankower Villa.

Eine sozial engagierte Feministin und Schriftstellerin, die viel für die Berliner getan hat, sei an dieser Stelle nicht vergessen: Lina Morgenstern (1830-1909) gründete u. a. 1868 den Kinderschutzverein, 1873 den Berliner Hausfrauenverein, der Kurse und Vorträge anbot und in der Wohlfahrt aktiv war. Sie verfaßte neben Koch- und Kinderbüchern eine Reihe von Schriften zur Frauenbewegung ihrer Zeit. Berühmt wurde sie aber vor allem als Begründerin der Berliner Volksküchen, die ihr den Spitznamen ‚Suppen-Lina' eintrugen.

In der Nähe des Haupteingangs findet sich ein Gedenkstein für Herbert Baum (1912-1942). Er gründete eine kommunistische Widerstandsgruppe, die fast ausschließlich aus jungen Juden bestand. Hauptaktion der Gruppe war ein Brandanschlag im Mai 1942 auf eine anti-sowjetische Ausstellung der Nationalsozialisten im Berliner Lustgarten, die den ironischen Titel *Das Sowjetparadies* trug. Der entstandene Sachschaden war allerdings so gering, daß die Ausstellung schon am folgenden Tag wieder öffnen konnte. Es gelang der Gestapo innerhalb weniger Wochen, die meisten Mitglieder der Gruppe zu verhaften. Herbert Baum starb am 11. Juni 1942. Nachdem ihn die Gestapo fast zu Tode gefoltert hatte, beging er, wie es offiziell hieß, ‚Selbstmord'. Auf der Rückseite des Gedenksteins sind die Namen anderer Gruppenmitglieder aufgelistet, die vom Volksgerichtshof zum Tode verurteilt und hingerichtet wurden. Keiner der beteiligten Richter wurde nach Kriegsende zur Verantwortung gezogen. Die Gestapo rächte sich außerdem mit der Verhaftung von 500 Berliner Juden, von denen die Hälfte gleich erschossen, die anderen 250 ins KZ Sachsenhausen verschleppt wurden und dort oder in anderen Lagern ums Leben kamen.

Geht man den Hauptweg weiter, so gelangt man zu einem grasbewachsenen Hügel. Hier stand die bei einem Bombenangriff 1944 zerstörte neue Trauerhalle des Friedhofs. Rechter Hand befinden sich auf diesem Hügel 15 Grabsteine, die vom ehemaligen Jüdischen Friedhof in Köpenick stammen. Bis zu ihrer Eingemeindung in den Stadtverband von Groß-Berlin im Jahre 1920 hatte die jüdische Gemeinde der Stadt Köpenick einen eigenen Friedhof unterhalten. Als die Anlage im Jahre 1960 für einen Garagenplatz (!) geräumt wurde, sicherte man einige der Grabsteine und setzte sie hierher um.

Jenseits dieses Hügels wurde im Juni 1927 ein Ehrenfriedhof für die jüdischen Gefallenen des Ersten Weltkrieges angelegt. Eingefaßt von einer übermannshohen Rustikamauer, mündet das Gräberfeld in eine erhöhte Terrasse, auf der sich ein Monument aus Muschelkalk befindet, das mit einer Inschrift und der Abbildung eines Löwen geschmückt ist, möglicherweise eine Anspielung auf Jakobs Weissagung: „Juda ist ein junger Löwe" (1. Mose 49,9). Das Ensemble wirkt wie ein stilisierter Altar und läßt klare Anklänge an den Jugendstil erkennen. Ehrenhain und Gefallenendenkmal wurden nach Entwürfen des Gemeindebaumeisters Alexander Beer gestaltet. Hinter dem Ehrenfeld, außerhalb der Ummauerung befindet sich ein weiteres Denkmal für Opfer des Ersten Weltkrieges. Hier wurden russisch-jüdische Kriegsgefangene beigesetzt. An sie erinnert ein Stein, der in seiner Gestaltung mit Schriftbändern Bauhauseinflüsse zeigt.

Eine besondere Geschichte hat das Mausoleum des Opernsängers Joseph Schwarz (1880-1926) zu erzählen, das einem griechischen Tempel ähnelt, dessen Dach von 14 dorischen Säulen getragen wird (Abb. 14). Während der Nazizeit wurde es von in der Illegalität lebenden Juden als Treffpunkt und Nachtlager genutzt. In der Mitte der Zwischendecke befindet sich eine Glasplatte, die man zur Seite schob, um in den Raum unter dem Dach zu gelangen, der eine enge, aber sichere Zuflucht bot. „Herr Gott du bist unsere Zuflucht für und für" lautet die Grabinschrift, die sich als prophetisch erweisen sollte.

Der Völkermord der Nationalsozialisten löschte die blühende jüdische Gemeinde innerhalb weniger Jahre fast völlig aus. Rund ein Drittel der Berliner Juden fiel ihm zum Opfer. An sie erinnert die Gedenkanlage am Haupteingang des Friedhofs. Vielfach sind auf Grabsteinen auch Inschriften zum Gedenken an die in KZs ermordeten Familienmitglieder angebracht, oft blieb die eine Hälfte einer Grabtafel jedoch einfach leer und läßt nur erahnen, an welchem Ort der fehlende Ehegatte zugrundeging (Abb. 15). Auf einem gesonderten Feld in der nordöstlichen Ecke des Friedhofs wur-

Abb. 14: Mausoleum des Opernsängers Joseph Schwarz (1880-1926). Der Dachaufbau diente im Dritten Reich Flüchtlingen als Versteck.

den insgesamt 809 Urnen mit der Asche von in verschiedenen Lagern ermordeten Juden beigesetzt. In der Nähe des zweiten Eingangs an der Indira-Ghandi-Straße befinden sich Sonderfelder für nichtjüdische Ehepartner, die während der NS-Zeit loyal zu ihren Gatten standen. Als die Deportationen 1941 begannen, nahm die Zahl derjenigen, die in den Freitod gingen, drastisch zu. Der Rabbiner Martin Riesenburger berichtet darüber in seinen Erinnerungen: „Alle Giftmittel standen hoch im Kurs. [...] Es hat Wochen gegeben, in denen die Anzahl dieser Freitode so groß war, daß wir oft bis in die Abendstunden hinein Beerdigungen vollzogen. Draußen tobte sich der Wahnsinn des Nazismus aus, hier in der Einsamkeit des Friedhofs aber wurde jeder Heimgegangene mit Würde und Andacht der Erde übergeben." (Riesenburger, S. 37)

Gemäß den Vorschriften der jüdischen Religion wurden nach Kriegsende auch einige Dutzend Thora-Rollen beigesetzt, die bei der Zerstörung der neuen Trauerhalle beschädigt worden waren. Man hatte während des Krieges etwa 500 Thora-Rollen und andere Kultgegenstände dort verstecken können, die die Nationalsozialisten 1943 für eine antijüdische Hetzausstellung in der Synagoge Münchener Straße beiseitegeschafft hatten. Bis 1944 konnten auf dem Friedhof außerdem heimliche Gottesdienste zu den großen jüdischen Feiertagen abgehalten werden. Einen symbolischen Neuanfang des Gemeindelebens feierte man schon am 11. Mai 1945, als der erste öffentliche Gottesdienst in der Lothringenstraße (später Herbert-Baum-Straße) stattfand. Da der Termin über Rundfunk verbreitet worden war, nahmen 1.400 Berliner Juden daran teil.

Während des Zweiten Weltkrieges wurde der Friedhof stark beschädigt. Nicht nur die neue Trauerhalle, sondern auch et-

Abb. 15: Erbbegräbnis Familie Brasch mit frei gebliebenen Flächen, die vom Abbruch familiärer Traditionen zeugen.

wa 4.000 Gräber fielen den Bomben zum Opfer. Die Aufräumarbeiten nach dem Krieg gingen nur langsam voran, da die winzig kleine Ost-Berliner Gemeinde nicht über die nötigen Mittel verfügte und die DDR-Regierung Jahrzehnte lang kein besonderes Interesse an dem Friedhof hegte. Erst Anfang der 1980er Jahre, als die Stätte zum nationalen Kulturdenkmal erklärt wurde, restaurierte man die Ehrenreihe, ebnete Wege und begann damit, den Wildwuchs zu beseitigen – eine Arbeit, die heute weit fortgeschritten ist, ohne daß der Friedhof aufgehört hätte, ein stiller, schattiger, efeuüberwucherter Ort zu sein.

Adass Jisroel, die Gemeinschaft Israels

Nur etwa zwei Kilometer nordwestlich vom großen jüdischen Friedhof entfernt liegt, ebenfalls im Stadtbezirk Weißensee, ein zweiter jüdischer Begräbnisplatz. Die orthodoxe Gemeinde Adass Jisroel hatte ihn im Jahre 1880 hier an der Wittlicher Straße angelegt. Die Einrichtung dieses Friedhofs ist eng verbunden mit den Spannungen innerhalb der jüdischen Gemeinde im 19. Jahrhundert. Vor allem die Gottesdienste nach reformiertem Ritus führten zum Protest orthodoxer Gemeindemitglieder, die schließlich aus der Berliner Jüdischen Gemeinde austraten und 1869 unter Leitung von Rabbiner Esriel Hildesheimer die sogenannte gesetzestreue jüdische Religionsgesellschaft Adass Jisroel (‚Gemeinschaft Israels') gründeten.

Als die Hauptgemeinde den Ausgetretenen die Benutzung des Gemeindefriedhofs untersagte, erwarben diese 1873 das gut zwei Hektar große Gelände in Weißensee, auf dem seit 1880 über 3.000 Beisetzungen stattfanden. Hier wurde nun nach orthodoxem Ritus beigesetzt und die Gestaltung der Grabsteine sehr viel schlichter gehalten, als auf den anderen jüdischen Friedhöfen Berlins: Keine großen Erbbegräbnisse, sondern Grabsteine in relativ einheitlicher Höhe, die aus Sandstein, Granit oder schwarzem Marmor gefertigt sind, bestimmen das Bild. Man findet auch viele als abgebrochene Säule oder Baum gestaltete Grabstelen und einige von schmiedeeisernen Gittern umzäunte Familiengräber. Es gibt nur wenige Symbole auf den Grabsteinen, die hebräischen Schriftzeichen werden jedoch häufig ornamental eingesetzt, etwa bei Anagrammen, bei denen die Anfangsbuchstaben jeder Zeile senkrecht gelesen, den Namen des Verstorbenen ergeben. Eine nichthebräische Inschrift dürfen die Grabsteine höchstens auf der Rückseite tragen, Blumen auf den Gräbern nicht gepflanzt werden.

In der Ehrenreihe liegt Esriel Hildesheimer (1820-1899) bestattet. Er war der erste Rabbiner der Adass Jisroel Gemeinde, und (gemeinsam mit Samson Raphael Hirsch) Begründer der neo-orthodoxen Bewegung, die versuchte, westliche Kultur mit streng orthodoxer Lebensform zu verbinden. Er gründete das Berliner Rabbinerseminar, das sich zuerst in der Gipsstraße, später in der Artilleriestraße befand. Nach Hildesheimers Tod wurde David Hoffmann (1843-1921) zum neuen Rektor des Rabbinerseminars von Adass Jisroel ernannt. Er galt als einer der angesehensten Talmud- und Midrasch-Kenner Europas.

Seine letzte Ruhestätte fand auf diesem Friedhof auch einer der berühmtesten Varietékünstler seiner Zeit: Siegmund (Sische) Breitbart (1893-1925). Sohn eines Schmiedes aus Lodz, wurde er unter dem Spitznamen ‚Eisenkönig' bekannt und trat beim Zirkus Busch auf, der ihn als „der stärkste Mann der Welt" ankündigte. Breitbart war berühmt für Kunststücke wie das Zusammenbiegen von Eisenstangen oder das Ziehen eines Zuges mit den Zähnen. Er ließ sich schwere Steine auf dem Schädel zerschmettern und Tausende Nägel ins Fleisch bohren. Er starb, ironischerweise, an einer Blutvergiftung, die er sich durch einen rostigen Nagel zuzog.

Künstlerisch bemerkenswert sind die Grabsteine der Familie Schocken. Die drei weißen Stelen aus Muschelkalkstein wurden von dem Architekten Erich Mendelsohn gestaltet, der u.a. auch die Schocken-Kaufhäuser in Chemnitz, Nürnberg und Stuttgart entworfen hatte (Abb. 16).

Auf dem sogenannten Spandauer Feld liegen die 200 vom Spandauer Friedhof umgebetteten Gräber. An verschiedenen

Abb. 16: Grabstelen der Familie Schocken (Entwurf Erich Mendelsohn) auf dem Friedhof der orthodoxen Gemeinde Addas Jisroel.

Stellen des Friedhofs wurden Urnen von Opfern aus den Konzentrationslagern begraben. Während des Krieges fanden zahlreiche heimliche Bestattungen von im Untergrund verstorbenen jüdischen Bürgern statt, die Gräber konnten daher vielfach nicht markiert werden. In der Nähe des Eingangs wurden Thora-Rollen beigesetzt, die in der NS-Zeit beschädigt worden waren.

Die Nationalsozialisten lösten die Adass-Gemeinde zwangsweise auf, ließen ihren Friedhof aber weitgehend unangetastet. Durch den Krieg wurde der Adass-Friedhof nur geringfügig in Mitleidenschaft gezogen, lediglich die Trauerhalle wurde zerstört. Nach Kriegsende ruhte der Friedhof

30 Jahre lang fast unverändert. Als 1974 der letzte Friedhofswärter in Pension ging, wurde er geschlossen. Da die Friedhofsmauer jedoch teilweise offen war, begannen nun Verfall und Zerstörung. Innerhalb von nur zehn Jahren, standen von den etwa 3.000 Grabsteinen nur noch gut 600. Die anderen waren umgestoßen und zerbrochen, Grabschmuck abmontiert und Kindergrabsteine sogar im ganzen gestohlen worden. Erst als in West-Berlin lebende Nachfahren Mitte der 1980er Jahre vollendete Tatsachen schufen und in freiwilligen Arbeitseinsätzen mit der Instandsetzung begannen, war der Verfall aufgehalten. Damit einher ging das Wiederaufleben der Gemeinde Adass Jisroel, die heute wieder fast 1.000 Mitglieder zählt.

In der geteilten Stadt

In den ersten Nachkriegsjahren setzten auch die in West-Berlin lebenden Juden ihre Toten in Weißensee bei. Mit der Teilung der Stadt im Jahre 1948 und der Teilung der Jüdischen Gemeinde fünf Jahre später war jedoch der Friedhof an der Herbert-Baum-Straße im Prinzip für die West-Berliner Gemeinde nicht mehr zugänglich. Sie erwarb daher ein 3,4 Hektar großes Gelände an der Heerstraße. Seit seiner Einweihung im Jahre 1955 wurden auf diesem durch Kurt Lechner und Bernhard Kynast gestalteten neuen jüdischen Friedhof mehr als 4.500 Beisetzungen vorgenommen.

1960 wurde auf dem Friedhof ein Holocaust-Mahnmal errichtet: „Denen die unter der Herrschaft des Unmenschen ihr Leben lassen mußten zum ewigen Gedächtnis 1933-1945". Die dafür verwendeten Steine stammten aus der ehemaligen Synagoge in der Fasanenstraße. Vor dem Gedenk-

Abb. 17: Zerbrochene Schrift: die bei einem Sprengstoffanschlag geborstene Grabplatte Heinz Galinskis (1912-1992).

stein wurde 1984 eine Urne mit Asche aus Auschwitz beigesetzt. Wie auf den beiden Weißenseer Friedhöfen liegen auch hier geschändete Thora-Rollen.

Der aus Prag stammende Ernst Deutsch (1890-1969), einer der bekanntesten Schauspieler seiner Zeit, ist hier begraben. Er arbeitete mit Max Reinhardt am Deutschen Theater und am Wiener Burgtheater. Kurz nach Hitlers Machtergreifung verließ er Deutschland, arbeitete fortan in London und Hollywood, kehrte jedoch nach dem Krieg in den Westteil der Stadt zurück.

Jeanette Wolff, geb. Cohen (1888-1976) überlebte zwölf Jahre in Gefängnissen und Konzentrationslagern, wurde nach dem Krieg sozialdemokratische Politikerin in Berlin, war Stadtälteste im Berliner Abgeordnetenhaus und Mitglied des deutschen Bundstags.

Auch der Radio- und Fernsehmoderator Hans Rosenthal (1925-1987) liegt hier begraben. Er verlor im Dritten Reich seine Eltern und seinen Bruder und überlebte die letzten beiden Kriegsjahre in einem Versteck in Berlin. Nach dem Krieg begann er beim RIAS zu arbeiten und wechselte 1967 zum Fernsehen, wo er als Showmaster große Erfolge feierte.

Ebenfalls in der Ehrenreihe befindet sich das Grab von Heinz Galinski (1912-1992), dem langjährigen Vorsitzenden der Jüdischen Gemeinde Berlins, später Vorsitzender des Zentralrats der Juden in Deutschland und Ehrenbürger von Berlin. Ganz in der Nähe wurden auf einer Rasenfläche sechs der mittelalterlichen Grabsteine aufgestellt, die man in der Spandauer Zitadelle entdeckt hatte, und die auf die lange Geschichte der jüdischen Gemeinde in Berlin verweisen.

Nach 1989: Ende des Dornröschenschlafs?

Die Jüdische Gemeinde zu Berlin beerdigt heute ihre Toten sowohl an der Heerstraße als auch auf dem Weißenseer Friedhof. Vor allem auf letzterem hat die deutliche Zunahme jüdischen Lebens in den 90er Jahren sichtbare Veränderungen bewirkt. Das Friedhofsgelände an der Herbert-Baum-Straße wird nämlich von einer Schneise mit Reservefeldern schräg durchzogen. Seit seiner Gründung drohte dem Friedhof die Anlage einer Durchgangsstraße. Mit dem Freihalten der Reservefelder hatten sich die Stadtpaner des 19. Jahrhunderts diese Option offen gehalten. Sowohl im Dritten Reich als auch zu

DDR-Zeiten sollen Pläne zur Umsetzung des Projekts existiert haben. Heute finden Beisetzungen vor allem auf diesen Reservefeldern in der Nähe des Haupteinganges statt. Damit dürfte das Straßenbauprojekt erledigt sein. Diese neuen Gräber bieten dem heutigen Besucher ein überraschendes Bild, sehen sie doch nicht gerade aus wie traditionell jüdische Grabstätten: Überall blühen Blumen. Viele der heutigen Mitglieder der Berliner Jüdischen Gemeinde sind aus Osteuropa und den Folgestaaten der ehemaligen Sowjetunion zugewandert. Im Gegensatz zu ihren Vorgängern noch zu Beginn des 20. Jahrhunderts steht die Mehrzahl von ihnen nicht mehr in orthodox-religiöser Tradition. Eine rituelle Vorschrift wie das Blumen-Tabu ist für sie nicht mehr bindend.

Zu Beginn des 21. Jahrhunderts zählt die Berliner Jüdische Gemeinde wieder etwa 12.000 Mitglieder. In der Gemeinde Adass Jisroel sind es ca. 1.000. Die restaurierte Kuppel der Neuen Synagoge in der Oranienburger Straße bestimmt wieder die Silhouette von Berlin-Mitte. Die jüdischen Friedhöfe werden von vielen Berlinern und Gästen der Stadt besucht. Doch leider ist die Geschichte dieser Friedhöfe noch immer auch eine Geschichte ihrer Schändungen. Immer wieder dringen Unbekannte nachts ein und stören die Totenruhe, schänden Grabmäler, richten Verwüstungen an. Neben dem Grab von Heinz Galinski liegt die bei einem Sprengstoffanschlag am 19. Dezember 1998 zerstörte ursprüngliche Grabplatte, und dies dürfte nicht der letzte Fall gewesen sein, in dem die Spur einer Schändung in eine Stätte der Erinnerung eingegangen und Teil des Gedenkens geworden ist (Abb. 17).

Die jüdischen Friedhöfe bewahren nicht nur die Erinnerung an die Vitalität und die Produktivität jüdischen Lebens in dieser Stadt, sondern auch die an den Haß, mit dem ein

Teil der nichtjüdischen Bevölkerung dieses Leben verfolgte. Die Verfolger, die einst zahlreich waren und weitgehend auf schweigende Billigung rechnen durften, stellen heute eine kleine, marginalisierte Minderheit dar. Es ist ein Bewußtsein dafür entstanden, daß der Glanz, der unter dem Efeu der jüdischen Friedhöfe verborgen liegt, zum Besten gehört, was jüdische und deutsche Geschichte aufzuweisen hat.

Literatur

Asmuss, Burkhard/Nachama, Andreas: Zur Geschichte der Juden in Berlin und das jüdische Gemeindezentrum in Charlottenburg. in: Ribbe, Wolfgang (Hg.): Von der Residenzstadt zur City. Berlin 1982, S. 165-228.

Awerbuch, Marianne/Jersch-Wenzel, Steffi (Hg.): Bild und Selbstbild der Juden Berlins zwischen Aufklärung und Romantik. Berlin 1992.

de Vries, S. Ph.: Jüdische Riten und Symbole. Wiesbaden 1981.

Eckhardt, Ulrich/Nachama, Andreas: Jüdische Orte in Berlin. Berlin 1996.

Etzold, Alfred/Fait, Joachim/Kirchner, Peter/Knobloch, Heinz: Die jüdischen Friedhöfe in Berlin. Berlin [4]1991.

Fölling, Werner: Zwischen deutscher und jüdischer Identität. Opladen 1995.

Geiger, Ludwig: Geschichte der Juden in Berlin. Berlin 1871-1890. Reprint Leipzig 1988.

Gottschalk, Wolfgang: Die Friedhöfe der Jüdischen Gemeinde zu Berlin. Berlin 1992.

Köhler, Rosemarie/Kratz-Whan, Ulrich: Der Jüdische Friedhof Schönhauser Allee. Berlin 1992.

Mattenklott, Gert: Jüdisches Städtebild Berlin. Frankfurt a. M. 1997.

Melcher, Peter: Weißensee, ein Friedhof als Spiegelbild jüdischer Geschichte in Berlin. Berlin 1986.

Meyer, Michael A./Brenner, Michael (Hg.): Deutsch-Jüdische Geschichte in der Neuzeit (Bd. I-IV). München 1996.

Nachama, Andreas/Simon, Hermann (Hg.): Jüdische Grabstätten und Friedhöfe in Berlin. Berlin 1992.

Offenberg, Mario (Hg.): Adass Jisroel, die jüdische Gemeinde in Berlin (1869-1942), vernichtet und vergessen. Berlin 1986.

Riesenburger, Martin: Das Licht verlöscht nicht. Berlin 1960.

Roth, Andrew/Frajman, Michael: Jewish Berlin. Berlin 1998.

Sinasohn, Max (Hg.): Adass Jisroel Berlin. Entstehung, Entfaltung, Entwurzelung 1869-1939. Jerusalem 1966.

Wegweiser durch das jüdische Berlin. Berlin 1987.

Abbildungsnachweise

Christiane Eisler: Cover, Frontispiz, 4, 6, 8, 9, 10, 12, 13, 14, 15, 16, 17 /Leistung und Schicksal. 300 Jahre Jüdische Gemeinde zu Berlin. Berlin 1971: 1/Köhler, Rosemarie/Kratz-Wahn, Ulrich: Der Jüdische Friedhof Schönhauser Allee. Berlin 1992, S. 16: 2/Meyer, Michael A./Brenner, Michael (Hg.): Deutsch-Jüdische Geschichte in der Neuzeit (Bd. I, S. 327). München 1996: 3/Melcher, Peter: Weißensee, ein Friedhof als Spiegelbild jüdischer Geschichte in Berlin. Berlin 1986: 5 /Etzold, Alfred u.a.: Jüdische Friedhöfe in Berlin. Berlin 1988, S. 32 und 88-89: 7, 11.

Die Deutsche Bibliothek - CIP-Einheitsaufnahme

Koppenfels von, Johanna:
Jüdische Friedhöfe in Berlin / Johanna von Koppenfels.
Markus Sebastian Braun (Hrsg.) - Berlin : Berlin-Ed., 2000
(Berliner Ansichten ; Bd. 15)
Engl. Ausg. u.d.T.: Koppenfels von, Johanna: Jewish
Cemeteries in Berlin
ISBN 3-8148-0022-2

1. Auflage/April 2000
Frontispiz: Zeugnis jüdischer Besiedlung im Mittelalter: Grabstein vom Spandauer Juden-Kiewer, in den Grundmauern der Spandauer Zitadelle bei Bauarbeiten entdeckt (heute auf dem Friedhof an der Heerstraße aufgerichtet).
Satz: Agentur Henke, Lorenzkirch
Umschlagkonzeption: Martin A. Hospach

Druck und Bindung: Bookprint, S. L., Barcelona, Spanien.